BESTECK

DES 20. JAHRHUNDERTS

Susanne Prinz

BESTECK
DES 20. JAHRHUNDERTS

Vom Tafelsilber
zum Wegwerfartikel

KLINKHARDT & BIERMANN

© 1993 Klinkhardt & Biermann
Verlagsbuchhandlung GmbH, München
Alle Rechte, auch diejenigen der Übersetzung, der
fotomechanischen Wiedergabe und des auszugs-
weisen Abdrucks, vorbehalten.
Graphische Gestaltung und Satz: Atelier Langenfass,
Andrea Langenfass-Corn, Ismaning
Lithographie: Karl Dörfel Reproduktions-GmbH
Gesamtherstellung: Druckerei Uhl, Radolfzell
Titelbild: Besteck von Reed & Barton, Design:
Robert Venturi, 1990
Die Deutsche Bibliothek – CIP-Einheitsaufnahme
Susanne Prinz: Besteck des 20. Jahrhunderts / Vom
Tafelsilber zum Wegwerfartikel – München:
Klinkhardt & Biermann, 1993
ISBN 3-7814-0357-2
NE: Prinz, Susanne

INHALT

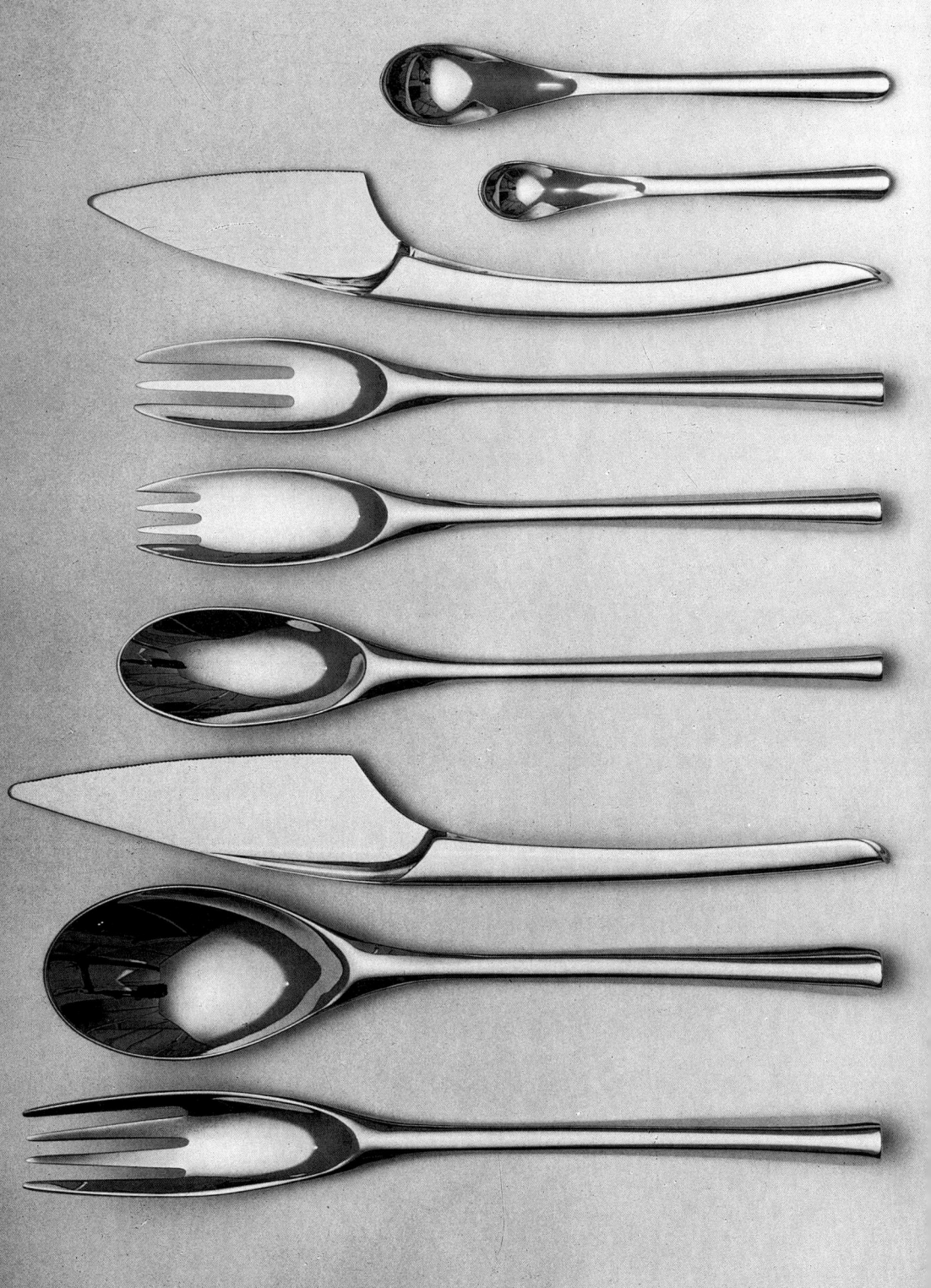

VORWORT

Besteck – ob unvollständig und zusammengewürfelt aus Fundstücken unterschiedlichster Herkunft oder komplett erhaltenes, liebevoll gepflegtes Erbstück – dient täglich als nützliches Eßgerät und prächtige Tafelzier. Da Bestecke in der Literatur wenig beachtet wurden, beschränkten sich genauere Kenntnisse über Entstehung und stilistische Entwicklung bisher meist auf einen Kreis weniger Fachleute.

Eingeleitet von einem kurzen Überblick über Tafelsitten und Entstehungsgeschichte einzelner Besteckteile, widmet sich dieser Band den innovativen Formexperimenten bekannter Designer wie den anonymen Serienstücken, die oft die attraktivsten Sammelstücke sind. Von den beinahe schon klassischen Bestecken eines Henry van de Velde oder Josef Hoffmann wird der Bogen über die singuläre Leistung des französischen Art deco bis hin zu modernsten Designerbestecken gespannt.

Besonders das letzte Jahrzehnt war gekennzeichnet durch ein waches „Designbewußtsein". Nicht nur Yuppies und Dinks, eigentlich alle, die darauf Wert legen, einen gehobenen Lebensstil zu demonstrieren, wissen die entscheidenden Designernamen, die mittlerweile vielfach den Bekanntheitsgrad von Popstars oder Fußballern erreichen, locker ins Gespräch zu streuen. Die häusliche Ausstattung war liebste Spielwiese für designerische Fingerübungen. Wie schon in der ersten Hälfte des Jahrhunderts, jedoch diesmal von Italien ausgehend, werden fast ausschließlich Architekten mit den Entwürfen betraut, die die hauseigenen Ateliers ausführen. Jedwedes Gerät wird zum Kunstwerk stilisiert, das man sich, ganz im Sinne Baudrillards, in erster Linie als Zeichen und nicht als Gebrauchsgegenstand ins Haus holt. Man versammelt die Dinge aus völlig unterschiedlichen Gründen um sich, beeinflußt von kollektiven oder persönlichen Erinnerungen – sprich Traditionen und Assoziationen –, sentimentalen Reminiszenzen oder aus Imagegründen. Kaufentscheidungen werden oft gelenkt durch das, was wir in Museen oder im Fernsehen gesehen haben.

Gleichzeitig gibt es aber die weniger spektakuläre Kontinuität beim echten Industriedesign, die, gekoppelt mit veränderten Produktionstechniken, zu Lösungen für die Serienfertigung führt. Die Entwürfe für Bestecke bewegen sich in den meisten Fällen zwischen diesen beiden Polen. Während bei den Möbeln mehr und mehr „Objekte" entstehen, deren Symbolcharakter wichtiger ist als ihre tatsächliche Benutzbarkeit, ja bei den Designern von Studio Alchimia ihre Unbenutzbarkeit geradezu einziger Inhalt wurde, scheint die Entwicklung im Bereich Besteck, schon immer nur Nebenschauplatz für die Glaubenskriege um die richtige Form, im wesentlichen zu stagnieren. Auf die brauchbarste Form für Messer, Gabel und Löffel hat man sich im Grunde schon vor einigen Jahrhunderten geeinigt. Der Vorrang der Benutzbarkeit wird in den seltensten Fällen in Frage gestellt, und der potentielle Kunde ist, wie auch am Anfang des Jahrhunderts, ein konservativer.

Nachdem in den Ländern, in denen Design überhaupt eine Rolle spielt, seit nunmehr fast 50 Jahren kein Krieg mehr die Traditionen kappte und die Besitztümer schmälerte, kann jetzt eine ganze Generation ans Erben denken. Das Familiensilber gehört dabei zu den begehrtesten Stücken und wird nur noch bei Bedarf ergänzt. Das bedeutet für die meisten Silberwarenproduzenten, daß noch immer gemäßigte Versionen traditioneller Besteckmuster und -formen, ergänzt durch die mittlerweile klassisch gewordenen Modelle aus der Blütezeit des Funktionalismus, den weitaus größten Teil der Produktion bestimmen. Ergänzt wird das Angebot durch

Neuauflagen von Entwürfen, die meist aus den 20er und 30er Jahren stammen. Bei den Möbeln, wo diese Entwicklung einige Jahre eher einsetzte, werden die Stühle, Tische und Lampen aus ersten Serienproduktionen auf Auktionen mittlerweile wie Vintage Prints bei Fotos gehandelt, obwohl dasselbe Objekt unter Umständen ununterbrochen in Produktion war und noch immer direkt im Fachgeschäft erworben werden kann. Beim Besteck gibt es für den Sammler und auch für denjenigen, der vielleicht nur ein schönes Besteck sucht, noch einiges zu entdecken.

Dieser kleine Band will versuchen, dem interessierten Leser einen Überblick über die Besteckformen unseres Jahrhunderts zu geben. Anhand zahlreicher Bildbeispiele soll ihm die Möglichkeit gegeben werden, sich über die Entwicklung dieses Bereichs der Gestaltung in Europa zu orientieren.

Besteck-Prototyp A/3 mit zweiseitiger Schneide. Entwurf 1992 Guido Niest.

VOM GUTEN GESCHMACK

KLEINE GESCHICHTE DER TAFELKULTUR UND IHRER GERÄTE

Essen ist neben Schlafen das wichtigste Grundbedürfnis des Menschen und dementsprechend auch in primitiven Kulturen bereits ritualisiert worden. Im Laufe der Jahrhunderte veränderten sich die Speisesitten, verfeinerten sich, verfielen wieder, um dann erneut aufzublühen.

Ältestes ausschließlich zur Nahrungsaufnahme bestimmtes Gerät ist der Löffel. Er tritt bereits in der römischen Kultur in unterschiedlichen Formen auf. Ligulae hatten runde oder länglich ovale Laffen und dienten wohl zum Kosten, Vorlegen oder zum Essen breiartiger Nahrungsmittel. Sogenannte cochleares dienten zum Leeren von Muscheln und hatten auf einer Seite der Laffe eine Art Schneide, wie sie zweckmäßigerweise auch die neuzeitlichen Austerngabeln besitzen. Suppen oder andere flüssige Nahrungsmittel wurden bis weit in die Neuzeit hinein direkt aus Schalen getrunken. Fleisch und sonstige feste Bestandteile des Essens nahm man mit den Fingern auf. Damit das ohne größere Umstände möglich war, wurden alle Speisen bereits vor dem Servieren in mundgerechte Portionen zerteilt. Darüber hinaus existierten eine ganze Anzahl unterschiedlicher Schöpfkellen und -löffel, die dem jeweiligen Zweck angepaßt waren. Überliefert sind uns heute nur Tafelgeräte aus Edelmetall, denn die wohl üblicheren hölzernen haben die Zeit nicht überlebt. Wie aus einigen Inschriften hervorgeht, erfreute sich der Löffel großer Beliebtheit als Gastgeschenk. Eine Rolle, die er auch in jüngster Zeit noch als Paten-, Souvenir- und Sammellöffel erfüllt.

Obwohl Ausgrabungsfunde wie der „Hildesheimer Silberfund", der aus ganzen Sätzen von silbernen Tellern, Schüsseln und Kannen besteht, belegen, daß die Römer auch in ihren entlegenen „barbarischen" Provinzen luxuriöse Tafelsitten pflegten, war ihr Einfluß nach dem Untergang des römischen Reiches kaum noch zu spüren. Nur in den Klöstern, die zu Hütern der lateinischen Sprache und antiker Philosophie wurden, überlebte in den rituellen Salbungslöffeln spätantikes Formengut. Aus verständlichen Gründen konnten die Mönche, deren Lebensrhythmus von „ora et labora" bestimmt war, den Tafelsitten der Römer, die im Liegen zu speisen pflegten, nichts abgewinnen. Die adeligen Höfe, die die natürlichen Erben solchen Lebensstils gewesen wären, verfügten, weil Europa von der Geldwirtschaft zum Tauschhandel zurückgekehrt war, weder über genügend Kapital, um reichhaltiges Tafelgerät zu bezahlen, noch waren sie seßhaft genug, um komplizierte Eßsitten entwickeln zu können.

Im frühen Mittelalter begann man deshalb noch einmal fast von ganz vorne. Teller waren inzwischen zwar bekannt, aber sie dienten in erster Linie in Form von Trinkschalen als Gefäß für Suppen. Fleisch und Fisch, die am Hof einen großen Teil der Nahrung ausmachten, wurden nach dem Zerteilen auf Brotstücke gelegt, mit denen auch die Soßen aufgenommen wurden. Von Karl dem Großen wird berichtet, daß er es liebte, den Hirschen mit seinem eigenen Schwert zu tranchieren und die Stücke dann seinen sechs Töchtern mit der Spitze zu reichen. An diesem Beispiel wird deutlich, woher das Tafelmesser, mit den Übergangsstufen Tranchiermesser und Vorlegemesser, stammt.

Der Kaiser, der König und die Prinzen speisten, wenn sie in Gesellschaft des ganzen Hofes waren, an separaten Tischen. Wie dieser kamen sie aber ohne jeden Schmuck aus. Gegessen wurde mit der rechten Hand, die auch benutzt wurde, um mit Hilfe des Tafelmessers Fleischstücke abzuschneiden. Zwischen den einzelnen Gängen wusch man sich die Hände in dafür vorgesehenen Becken und trocknete sie am langen Tischtuch ab. Ein Ratgeber empfiehlt um 1480 dringend: „Fasse das Fleisch nur mit zwei Fingern an; steck es nicht mit beiden Händen in den Mund...", und möglichst sollte man sich nicht „mit der nackten Hand die Nase putzen, mit der man das Fleisch anfaßt."

Das kunstvolle Zerlegen der im Ganzen gebratenen und aufgetragenen Tiere wurde zu einer wahren Kunst verfeinert und gehörte zur Ausbildung jedes jungen Adeligen. Zu einem vollständigen Tranchierbesteck gehörten damals eine Unzahl unterschiedlicher Messer und eine große zweizinkige Gabel, deren Form durchaus der heute gebräuchlichen entsprach. Abseits der Höfe ernährte sich das Volk, da nicht an den Fischerei- und Jagdrechten beteiligt, überwiegend von Brot, Getreidebrei und, abhängig von den Jahreszeiten, auch von Gemüse. Dazu genügten Löffel und ein Messer vollkommen.

Es wird angenommen, daß die Gabel ursprünglich aus dem byzantinischen Kulturkreis über Venedig nach Zentraleuropa gelangte. Zunächst wohl nur zum Aufspießen klebrigen Konfekts benutzt, verbreitete sie sich als reines Eßinstrument über Frankreich, wo sie sicherlich mitsamt der italienischen Kochkultur durch Katharina von Medici eingeführt wurde, zunächst nach England und kam dann auch in den deutschsprachigen Raum.

Echte dreiteilige Bestecke blieben noch bis weit ins 17. Jahrhundert eine Seltenheit. Im Laufe des nächsten Jahrhunderts wurden sie aber immer häufiger, und mit der Zeit setzten sich auch einheitlich gestaltete Garnituren durch, die man fortan nicht nur in adeligen Kreisen seinen Gästen zur Verfügung stellte. Die älteren „Beistecke", die am Gürtel jedes Bürgers und jeder Bürgerin hingen, wurden überflüssig.

Für die Tafel wie auch für die Architektur des 18. Jahrhunderts galt das Primat des Gesamtkunstwerks, dem sich alle Einzelformen unterzuordnen hatten, und private Bestecke mit unterschiedlichen Mustern wären nicht zuletzt auch aus ästhetischen Gründen undenkbar gewesen. Soweit man auf

Verschiedene ''berne Besteck- e in klassischen Spatenmustern dänischer, deutscher und englischer 'rkunft aus dem 19. und 20. Jahrhundert.

Dienerschaft zurückgreifen konnte, war die zu diesem Zeitpunkt übliche Form des Speisens der „Service à la française". Hierzu wurde die Tischmitte mit prachtvollen Tafelaufsätzen dekoriert, während die einzelnen Plätze in erster Linie durch den davor stehenden Stuhl zu erkennen waren. Teller und Besteckteile wurden passend zum jeweils servierten Gang des Menüs aufgetragen. Es folgten drei dieser Gänge hintereinander, wobei der erste, der alles einschloß, was vor dem Fleischgang gegessen wurde, bereits in symmetrischer Ordnung auf dem Tisch stand. Alle folgenden Trachten wurden an exakt der Stelle abgesetzt, den ihre Vorgänger eingenommen hatten. Beim „Service à la française" be-

dienten sich die Gäste selbst, indem sie ihre Teller und nicht die Schüsseln herumreichten, während Getränke von ständig anwesenden Dienern ausgeschenkt wurden.

Zur Zeit des Empire vollzog sich, wie Hans Ottomeyer sagt, „eine Revolution der Tafelsitten". Um 1800 setzte sich eine neue Form des Servierens durch, die ganz erstaunliche Folgen hatte. Der „Service à la russe" führte eine Folge von bereits auf den Tellern angerichteten Speisen ein, die es den Gästen ermöglichte, sich zu unterhalten, statt sich ständig gegenseitig Essen reichen zu müssen. Einigermaßen fruchtbare Geschäftsessen wären ohne die Einführung des russischen Servierens undenkbar. Der „Service à

11

l'anglaise", der ebenfalls im 19. Jahrhundert üblich wurde, trug ebenfalls nicht unwesentlich zu neuzeitlichen Gepflogenheiten bei. Wie auch beim französischen Servieren stand der erste Gang sofort auf dem Tisch bereit. In England allerdings war es obligatorisch, daß der Hausherr den Braten zerlegte, während die Hausherrin die Suppe austeilte. Der Nachteil dieser eher auf den bürgerlichen Privatgebrauch zugeschnittenen Sitte lag darin, daß bei einer größeren Anzahl von Gästen, der erste, der bedient wurde und höflicherweise wartete, mit Sicherheit kaltes Essen bekam. Abhängig von der Speisenfolge mußten für so ein „Service à l'anglaise" mindestens drei Besteckgarnituren eingedeckt werden. Wilhelm von Humboldt beklagte sich 1818, daß er sich außerstande sähe, englische Gäste in der preußischen Botschaft zu empfangen, weil er weder Terrinen besäße, noch die erwarteten sechs Bestecksätze pro Person, die für ein landesübliches Dinner nötig gewesen wären.

In modifizierter Weise haben sich diese Formen des Servierens im privaten Bereich bis heute gehalten.

Zusätzlich entwickelten die Engländer in diesem Zeitraum noch eine ganze Anzahl in Deutschland damals unbekannter Tafelgeräte. Dazu gehören das Brotmesser und das Kinderbesteck. Um 1870 kam auch das Fischbesteck auf, und um die Jahrhundertwende brachten es dann einige Bestecke wie das Modell „Acorn" von Johan Rohde

auf über 200 Einzelteile. Die Entwicklung neuer Besteckteile hat sich im Laufe der letzten 100 Jahre etwas verlangsamt, aber erst kürzlich wurden Spaghettilöffel und -gabel der langen Liste hinzugefügt, und dem normalen Käsemesser wurde ein spezielles Parmesanmesser beigesellt.

Mit zunehmender Industrialisierung, die zu einer Verstädterung der Bevölkerung beitrug und klassische Familienstrukturen auflöste, aber gleichzei-

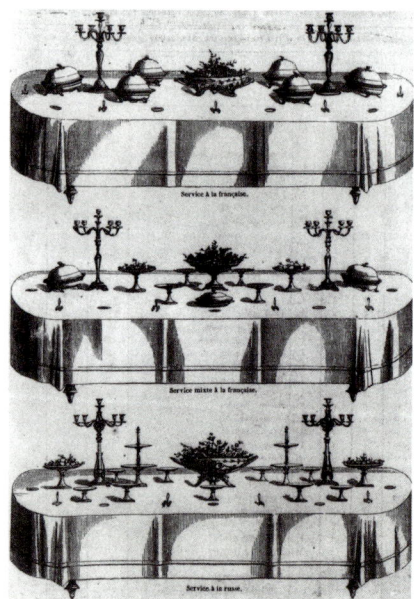

Urbaine Dubois „Cuisine Classique". Drei Tafeln, gedeckt in französischem und russischem System.

tig auch für jedermann erschwingliche Tafelgeräte lieferte, veränderten sich die Eßgewohnheiten der Menschen erheblich. Die Mahlzeit hat für einen Großteil der Menschen ihre Rolle als Gelegenheit zur Kommunikation eingebüßt. Schon Norbert Elias beklagt

12

„Minimal Effort" von Gabriele Henkel.

macht. Es entwickelte sich ein ausgeprägtes Interesse für Küche und Eßkultur anderer Nationen. Nach Pasta kam Sushi, und beide wurden von den dazugehörigen Tafelgeräten begleitet. Der Kult des richtigen Zubereitens von Speisen übertrug sich auch auf die private Küche, und die Folge ist, daß es im Augenblick ein so großes und internationales Angebot guten Tafelgeräts gibt wie nie zuvor.

Nur ganz selten allerdings finden sie in einer so zeitgemäßen Form Verwendung, wie auf den Tafeln Gabriele Henkels. Die meisten von uns wählen zwar Geschirr und Besteck nach neuzeitlichen Kriterien aus, denen Form und Material genügen müssen. Beim Decken einer Tafel allerdings greifen wir oft, ohne es zu wissen, auf Muster zurück, die alle aus den Anfängen des letzten Jahrhunderts stammen. Grundsätzlich gilt das natürlich auch für die Tische von Gabriele Henkel, deren erzählerische Arrangements thematisch meist vom Ehrengast inspiriert sind; ich erinnere hier nur an das berühmte Campbell's-Soup-Essen für Andy Warhol. Ihre Inszenierungen lassen sich sogar bis auf die weit älteren Sitten mittelalterlicher Trinkspiele und Schauessen zurückführen, die sie bewußt reflektiert und in etwas Neues verwandelt.

die zunehmend individuelle Lebensgestaltung, die häufig in völlige Isolierung führt. Ein einsamer Esser greift eben doch eher zu einem Fertiggericht, das vielfach dazu verleitet, weder Teller noch vollständiges Besteck zu benutzen. Zunehmend akzeptabel werden inzwischen auch Gerichte wie Hamburger oder Pizza, für die überhaupt keine speziellen Eßgeräte mehr vorgesehen sind.

Eigentümlicherweise hat sich in den letzten Jahren besonders bei den Stadtbewohnern, die die Veränderungen am schnellsten vollzogen, eine parallele Tendenz bemerkbar ge-

VOM SILBER ZUM EDELSTAHL

SILBER UND SILBERERSATZSTOFFE

Aufgrund seiner chemischen Eigenschaften ist Silber seit Jahrhunderten für die Besteckherstellung das klassische Material schlechthin. Silber ist säureresistent und wie alle Metalle ein guter Wärmeleiter. Angegriffen wird es nur von schwefelhaltigen Nahrungsmitteln wie Fisch oder Ei. Um eine geschmackliche Beeinträchtigung zu vermeiden, sind Fischbestecke daher nicht selten vergoldet, während Eierlöffel oder auch Kaviargarnituren statt aus Silber aus Horn oder Perlmutt hergestellt werden. Messerklingen sind normalerweise aus Stahl, mit Ausnahme derer von Fisch- oder Vorlegemessern. Sie wurden üblichweise nicht von den Silberschmieden selbst hergestellt, sondern kamen aus speziellen Zulieferbetrieben. Im deutsch-

sprachigen Raum hatte sich Solingen wegen der reichhaltigen Erzvorkommen in der Umgebung früh als Zentrum der Klingenherstellung herausgebildet. In Österreich stammten die meisten Klingen aus der Steiermark, während sich in Frankreich das Elsaß und Burgund zu Zentren der Messerherstellung entwickelten. Von großer Bedeutung war die metallverarbeitende Industrie Großbritanniens in Sheffield. Hier nahm die Mechanisierung der Besteckherstellung ihren Anfang. Im Laufe des 19. Jahrhunderts zogen auch die Länder auf dem europäischen Kontinent langsam nach. Statt des universellen Silberschmieds waren jetzt spezialisierte Fachleute wie Musterzeichner, Stahlgraveur und Modelleur zur Umsetzung eines Vorentwurfs ge-

fragt. Die Umstellung auf Maschinenfertigung brachte auch eine Standardi-
sierung der Größe mit sich. Jede Silberwarenfabrik besaß besonders für
die Oberteile der Bestecke Matrizen,
deren Herstellung teuer war und die
darum möglichst oft eingesetzt werden sollten. Eine künstlerische Gestaltung mußte sich unter diesen Voraus-
setzungen also auf die Griffe be-
schränken. Ornamente durften nicht
zu weit in die Laffe gezogen werden,
weil sie sonst bei der Weiterverarbei-
tung verschliffen worden wären. Darüber hinaus bevorzugte man weiche
Konturen, die später einfacher poliert
werden konnten.

1838 war es Elkington in England gelungen, Silber in dünnen Schichten
elektrolytisch niederzuschlagen. Das
Verfahren wurde im 19. Jahrhundert
erheblich verbessert und erwies sich
für die fabrikmäßige Herstellung von
Bestecken als besonders geeignet.

● 90er AUFLAGE

Eine 90er Auflage bedeutet, daß auf 12 Gabeln und 12 Löffel 90g Silber auf galvanischem Wege aufgetragen werden. Bei älteren
Bestecken können Ihnen auch niedrigere Sil-
berauflagen begegnen. So sind 60er, selbst
40er Auflage keine Seltenheit. Übrigens werden auch Vollsilber-Bestecke galvanisch versilbert, weil der Glanz des für das Silberbad
benutzten Reinsilbers größer ist als der des
800er oder 925er Standards, aus dem Silberbestecke gefertigt werden

Wesentlich bei der galvanischen Ver-
silberung von Bestecken ist eine un-
gleichmäßige Verteilung des Silbers,
weil bestimmte Stellen der Abnutzung
verstärkt ausgesetzt sind.

Da Silber immer ein teurer Rohstoff
blieb, versuchte man schon früh, es
durch andere, ähnlich aussehende Materialien zu ersetzen. Sogenanntes
„Neusilber", das aus einem Preisaus-
schreiben des preußischen Vereins zur
Beförderung des Gewerbefleißes her-
vorging, hat überhaupt nichts mit Silber zu tun. Vielmehr ist es eine Kupfer-
Zink-Nickel-Legierung, die seit 1824
unter diesem Namen vertrieben
wurde. Etwa gleichzeitig brachte ein
Unternehmen aus Schneeberg in Sachsen dasselbe Material als „Argentan"
auf den Markt. Eine andere Silberimi-
tation ist das „Britanniametall", dessen
Hauptbestandteile Zinn und Antimon
waren. Eine Zinn-Kupfer-Legierung
wurde als „Metal d'Alger" verkauft. „Alpaka", „Packfong" oder chinesisches
Weißkupfer und das von der französischen Silberwarenfabrik Christofle mo-
nopolisierte „Alfénide" sind in ihrer
chemischen Zusammensetzung mit
Neusilber weitgehend identisch.

Andere Legierungen, aus denen, wie
eine Quelle von 1870 berichtet, in
Paris besonders günstig Bestecke hergestellt wurden, enthielten gelegentlich auch Schwermetalle wie Cadmi-
um. Diese auf Dauer gesundheits-
schädlichen Materialien verschwanden
erfreulicherweise sehr schnell wieder
vom Markt.

◼ NOT MACHT ERFINDERISCH

In Zeiten wirtschaftlicher Engpässe entsann man sich vieler längst verschwundener Ersatzstoffe, und so tauchte unmittelbar nach dem zweiten Weltkrieg eine ganze Palette ungewöhnlicher Materialien in fast allen Bereichen industrieller Fertigung wieder auf. In der Silberwarenbranche war es überwiegend Aluminium, das in Ermangelung edlerer Rohstoffe sogar von so renommierten Firmen wie Bruckmann & Söhne in Heilbronn in Bestecke verwandelt wurde. Bis in die jüngste Vergangenheit blieben Aluminiumbestecke in der ehemaligen DDR üblich. Ihr gesamter Bedarf wurde von zwei Werken in Freiberg und Döbeln gedeckt, die zum VEB Auer Besteck- und Silberwarenwerke (ABS), ehemals Wellner Silberwarenfabrik AG gehörten. Auf den ersten Blick unterscheidet sich Besteck aus Aluminium nur durch seine mattere Farbe von Bestecken aus anderen Metallen. Den Unterschied bemerkt man erst, wenn man das extrem leichte Alubesteck in die Hand nimmt.

Tortenheber, Holz und Silber, deutsch um 1950.

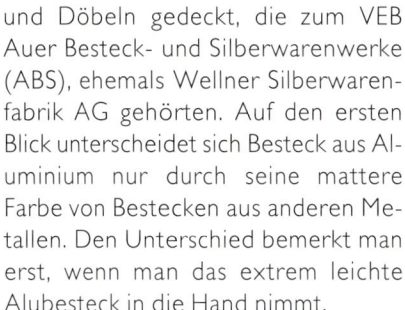

Aluminiumbesteck „ALUME" aus Sachsen.

Als Beispiel für den Einfallsreichtum der unmittelbaren Nachkriegsproduktion mag dieser stilistisch vielleicht nicht sehr überzeugende Tortenheber stehen, dessen Schaufel aus Holz gefertigt ist.

◼ EDELSTAHL

„Den Forderungen des orthodoxen Funktionalismus gegenüber, einerseits die nutzdienliche Aufgabe eines Gegenstandes als einzige Grundlage seiner Formgebung zu betrachten, und andererseits die Reinzucht des Typs mit seiner rationellsten Produktion vor Augen zu betreiben, nimmt das Silber innerhalb des Kunsthandwerks eine Sonderstellung ein. Silber ist ein verhältnismäßig kostbares Material, und seine handwerksmäßige Verarbeitung stellt so große Ansprüche, daß zumindest ... eine billige Massenproduktion von wirklich gutem Gebrauchssilber undenkbar" ist (Esbjorn Hiort 1954 im Begleittext einer Wanderausstellung modernen dänischen Silberdesigns). Naturgemäß kommt es aufgrund solcher Überlegungen bei der Produktion von Silberbestecken häufig zur Betonung einer Oberflächenschönheit des Materials, die in gewisser Weise den Einsatz des kostspieligen Edelmetalls rechtfertigen soll. Denn eine rein durch den Nutzen geprägte Form läßt sich ebensogut, ja besser in Edelstahl ausführen.

Nicht umsonst wird in den 50er Jahren dieses Material für die Herstellung moderner Bestecke absolut marktbeherrschend. Erste Versuche, Tafelgeräte aus Edelstahl herzustellen, liefen schon seit dem Ende der 20er Jahre. Die Firma WMF hatte sich 1922 einen von Krupp entwickelten Edelstahl zur Herstellung von Küchengeräten unter dem Markennahmen Cromargan schützen lassen, begann aber erst Anfang der 30er Jahre mit drei Modellen, Edelstahlbestecke für den privaten Endverbraucher anzubieten. Etwa gleichzeitig hatte auch die sächsische Metallwarenfabrik Wellner & Söhne die Produktion von Bestecken aus einem Edelstahl begonnen, den sie 1929 auf der Leipziger Herbstmesse unter dem Namen Nirosta vorstellte. Die Legierung wird üblicherweise auf der Rückseite der Bestecke mit 18/10 oder 18/8 angegeben. Es handelt sich hierbei um eine rostbeständige und antimagnetische Stahllegierung mit 18% Chrom und 10 beziehungsweise 8% Nickel. Einige Hersteller fertigen die Klingen getrennt aus einer härteren Legierung, weil die geschliffene Schneide den höchsten Druckbelastungen ausgesetzt ist.

„MITRA" von Gundorph Albertus 1941 für Georg Jensen Silberschmiede entworfen.

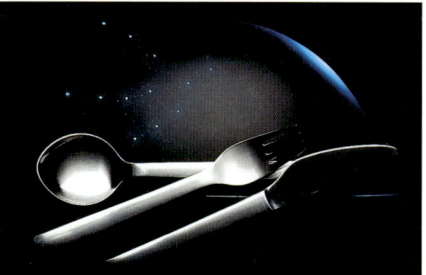

„New York", 1963 von Henning Koppel für Georg Jensen Silberschmiede entworfen.

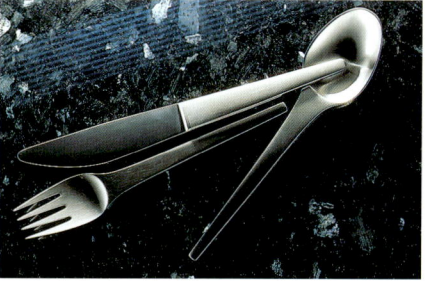

„CARAVEL", 1957 von Henning Koppel für Georg Jensen Silberschmiede entworfen.

Der Großteil der aus Edelstahl gefertigten Bestecke fand zunächst nur in Restaurants oder Kantinen Verwendung. Erst als im zweiten Weltkrieg Silber knapp und schwer zu beschaffen war, entschlossen sich einige Firmen zur Umstellung auf Edelstahl.

Dem 1941 von Gundorph Albertus für Jensen entworfenen Besteck „Mitra", dessen längsovale Griffe von der Form einer Bischofsmitra inspiriert sind, sieht man genau an, daß es ursprünglich vom Künstler in Silber gedacht war. Bedingt durch die Zeitumstände wurde es dann das erste Edelstahlbesteck der Silberschmiede Georg Jensen. „Mitra" ist deshalb, wie auch die frühen WMF-Bestecke, im Sinne einer materialgerechten Gestaltung kein vorbildliches Edelstahlprodukt. Erst eine jüngere Designergeneration begriff Edelstahl nicht mehr als ärmeren Bruder des Silbers und entwickelte eine dem Material gemäßere Ästhetik. Zusammen mit skandinavischem Möbeldesign, das in den ersten zwanzig Jahren nach dem Krieg mehr noch als das avantgardistische Bauhaus-Design die allgemeine Vorstellung von dem, was „modern" ist, prägte, avancierte Eßgerät aus Edelstahl zum gesellschaftlich akzeptablen Tischschmuck .

■ KLASSISCHER KUNST-STOFF: BAKELIT UND SYNTHETISCHE MATERIALIEN

„In ihrem notorischen Optimismus rechnen die amerikanischen Kunststoffspezialisten damit, daß wenigstens vom Jahr 2000 an Häuser aus Fiberglasmaterial durchaus an der Tagesordnung seien, daß althergebrachte Stoffe, wie Stein, Holz und vielleicht sogar Metall ... den Kampf mit der Konkurrenz synthetischer Stoffe nicht mehr werden Aufnehmen können" („Das Werk" 1959). Diese damals schon kritische Stimme konnte nicht ahnen, wie wichtig Kunststoffe trotz erheblicher Verteuerung während der Ernergiekrise der 70er Jahre werden sollten. Große Industriezweige wie die Mikroelektronik wären ohne Kunststoffe undenkbar. Als weniger erfolgreich erwies sich ihr Einsatz im Einrichtungsbereich. Nach einer euphorischen Phase, die besonders in Amerika und Italien phantastische Kunststoff-

6 Obstmesser in Ständer, Bakelit, Klinger aus Edelstahl, deutsch um 1920.

Obstmesser mit korallenfarbigen Griffen aus Bakelit und versilberten Klingen, englisch um 1920.

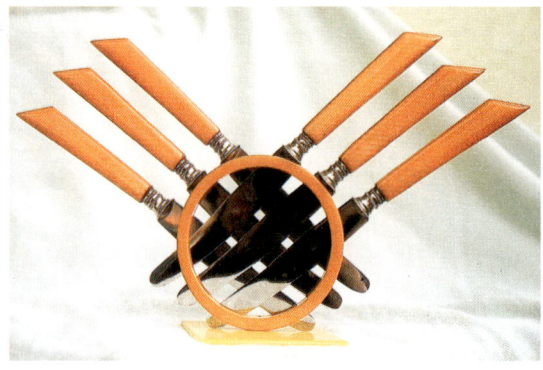

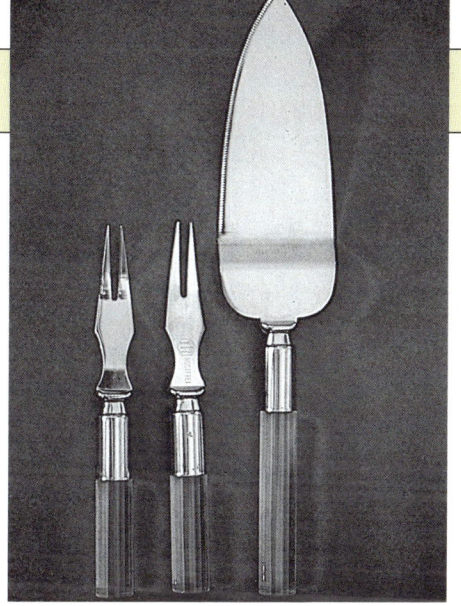

Tortenheber und Vorlegegabeln, Edelstahl mit Acryl, ca. 1970.

ständen einsetzten. Darüber hinaus war der Farbkkontrast der unterschiedlichen Materialien sehr reizvoll. Die ersten Ersatzstoffe für diese Naturplaste wurden gegen Mitte des vorigen Jahrhunderts entwickelt und kamen unter dem Namen Bois Durci (nur in Frankreich zwischen 1855 und 1880) oder Gutta Percha (ab ca. 1822) auf den Markt. Der Engländer Alexander Parkes entwickelte in den 1840er Jahren einen halbsynthetischen Kunststoff auf Cellulosebasis, den er Parkesin nannte und der dafür gedacht war, Materialien wie Horn oder Elfenbein zu ersetzen. Leider existieren nur noch wenige Objekte aus Parkesin,

möbel entstehen ließ, sank, auch auf Grund ökologischer Bedenken, die Akzeptanz beim Abnehmer.

Versuchen mit nicht metallischen Materialien im Besteckbereich waren wenig langfristige Erfolge beschieden. Zwar hatten Kunststoffe seit ihrer Entwicklung schon immer bei der Besteckherstellung Verwendung gefunden, aber außer in ihrer Frühzeit wurden sie immer als Ersatzstoffe betrachtet, die nur in Notfällen aus Gründen der Gewichtsreduzierung, das heißt auf Reisen im Picknickkorb oder an der Würstchenbude, toleriert wurden.

Bunte Plastiklöffel; beachtenswert: Variationsbreite der Löffellaffe.

Natürliche Plaste, also durch Hitze verformbare Materialien wie Horn und Bernstein oder Chinalack hatten schon im 18. und 19. Jahrhundert Eingang in die Werkstätten der Silberschmiede gefunden, die sie wegen ihrer geringen Wärmeleitfähigkeit gerne zur Isolierung an den Griffen von Metallgegen-

weil sich das Material als spröde und nicht sehr dauerhaft erwies. An seine Stelle trat 1869 Celluloid, das sich beliebig formen ließ. Um 1890 erblickte das aus Milch gewonnene Kasein das Licht der Welt. Kasein hatte gegenüber Celluloid den Vorteil, nicht so leicht entflammbar zu sein. 1907 dann

entwickelte der belgische Chemiker Leo Baekeland den ersten vollsynthetischen Kunststoff. Produkte aus dem nach ihm benannten Material Bakelit avancierten in den letzten Jahren zu begehrten Sammelobjekten.

Celluloid, Bakelit und andere Kunststoffe wurden vor allem in England und Frankreich in großen Mengen für Bestecke verwendet. Besonders häufig täuschten sie Elfenbein vor, aber sie ersetzten auch Materialien wie Koralle und Horn. Darüber hinaus entwickelten die nicht ganz billigen Kunststoffe aber auch eine eigene Ästhetik, die gar nicht Ersatz für irgend etwas anderes

Carsten Jorgensen 1982 für Bodum.

sein wollte. Besonders in den Städten ging der Trend in den 20er Jahren weg vom traditionellen Kunsthandwerk hin zu einer neuen Maschinenästhetik. Erst im Laufe der 30er Jahre, als Kunststoffe dank technischer Entwicklungen immer günstiger wurden, verlor Plastik sein Luxusimage. Als Abfallprodukt des zweiten Weltkriegs drängte Ende der 40er Jahre Acryl auf den Markt, ein Kunststoff, dem es gelang, bis heute ein Marktsegment beim Besteck zu halten; üblich sind allerdings fast nur

Eierlöffel und Salatbestecke. Gelegentlich wird Acryl, wie andere Kunststoffe auch, aus ästhetischen Überlegungen für den Griff verwendet. Reine Plastikbestecke konnten sich schon aus praktischen Gründen nicht durchsetzen. Besonders die Zinken der Gabel halten auch bei den besten Plastikprodukten nicht besonders gut, und die Messerklingen sind normalerweise auch nur bedingt einsatzfähig.

Die dänische Firma Bodum ist eine der wenigen, die seit Anfang der 80er Jahre formschöne Tafelgeräte in bester skandinavischer Tradition auch aus Kunststoff herstellt. Die meisten anderen Plastikbestecke, mit Ausnahme der in unendlichen Variationen erhältlichen Löffel, haben weder eine besonders materialgerechte Ästhetik noch sind sie von überzeugender Funktionalität. Selbstverständlich gibt es auch hier Ausnahmen wie das bereits erwähnte Besteck von Joe Colombo für Alitalia oder die Plastikversion von mono-filio von Ralph Krä-

Carsten Jorgensen 1982 für Bodum.

KUNSTHANDWERK UM 1900

Aus dem ölglatten Geist der zwei letzten Jahrzehnte des 19. Jahrhunderts hatte sich plötzlich in ganz Europa ein beflügelndes Fieber erhoben. Niemand wußte genau, was im Werden war, ob es eine neue Kunst, ein neuer Mensch, eine neue Moral oder vielleicht die Umschichtung der Gesellschaft sein sollte. Darum sagte jeder davon, was ihm paßte. Aber überall standen Menschen auf, um gegen das Alte zu kämpfen. Allenthalben war plötzlich der rechte Mann zur rechten Stelle; und was so wichtig ist, Männer mit praktischer Unternehmungslust fanden sich mit geistig Unternehmungslustigen zusammen. Sie waren so verschieden wie nur möglich, und die Gegensätze ihrer Ziele waren unübertrefflich....aber in Wirklichkeit war alles zu einem schimmernden Sinn verschmolzen.''

Robert Musil,
Der Mann ohne Eigenschaften, 1930

,,Das Fin de siècle war erreicht, und die Illusion, die ihre Verkörperung in dem magischen Datum der Jahrhundertwende fand, war so stark'', erinnert sich Musil weiter, ,,daß sich die einen begeistert auf das neue, noch unbenütze Jahrhundert stürzten, indes die anderen sich noch schnell im alten wie in einem Haus gehen ließen, aus dem man ohnehin auszieht, ohne daß sich die beiden Verhaltensweisen als sehr unterschiedlich gefühlt hätten.'' Was Musil hier über alle Bereiche des öffentlichen und privaten Lebens feststellt, trifft auch, ganz besonders auch in hohem Maße auf die künstlerischen Tendenzen dieser Zeit zu.

Und erscheint es zunächst willkürlich, gerade mit diesem Zeitpunkt zu beginnen, weil Stilepochen nicht unbedingt mit den Jahrhunderten ihr Ende finden und auch nicht unbedingt mit dem neuen beginnen, so läßt sich tatsächlich eine ganz eigenartige zeitliche Entsprechung vieler künstlerischer Reformbewegungen feststellen. Die Magie des Datums schien die Künstler in den Metropolen Europas in eine ganz eigenartige Aufbruchstimmung versetzt zu haben. Allenthalben waren sie bemüht, die Kunst aus den Museen zu befreien und wieder in das alltägliche Leben hineinzuführen. Die sogenannten dekorativen Künste wurden plötzlich vor allem in Architektenkreisen, aber auch bei Malern und Bildhauern zur ernsthaft diskutierten Sache. Hauptschauplätze kunstgewerblicher Reformen waren Wien, München und Darmstadt. Sie alle standen in regem gedanklichem und auch personellem Austausch. Die großen nationalen und internationalen Messen in München, Dresden, Darmstadt, Kopenhagen oder Saint Louis gaben den Reformatoren Gelegenheit, sich auszutauschen, ihre Ideen durch ihre Produkte darzustellen und sich nicht selten auch auf einer uns heute befremdenden nationalistischen Ebene zu streiten. Die wohl bekannteste dieser Messen war die Pariser Weltausstellung von 1900, die dem floralen Jugendstil kurz vor seinem Ende noch zu internationaler Anerkennung verhalf.

Der Begriff ,,Jugendstil'' taucht erstmals gegen 1897 auf. Er wurde von den Zeitgenossen für Kunst geprägt, deren Erscheinungsform den in der Münchner Zeitung ,,Die Jugend'' verwendeten Illustrationen ähnelte. Was näher besehen eigentlich alles unter diesem Begriff zusammengefaßt wurde, mußte in erster Linie ,,modern'' sein, konnte aber so verschieden sein wie die Entwürfe van de Veldes und Josef Hoffmanns.

IM STIL DES ART NOUVEAU

> „Vielleicht war es
> der Mondschein über seinem
> Garten, der ihn zuerst auf das
> Silber hingewiesen hat,
> das er jetzt wie ein Dichter
> seine Sprache beherrscht.
> Er versteht dieses sanfte,
> wahlverwandte Material und
> seine märchenhafte Art wie kein
> zweiter."
> RAINER MARIA RILKE 1903
> ÜBER VOGELER

Henry van de Velde berichtet in seiner Autobiographie, daß der „barbarische"Ausdruck „Art Nouveau" im Grunde nichts anderes als Neuheit bedeute. Samuel Bing und Julius Meier-Graefe hatten ihn propagandistisch forciert, um Bings „La Maison Moderne", das dieser 1895 in Paris eröffnet hatte, um modernes Kunsthandwerk zu verkaufen, zum Erfolg zu verhelfen. Statt in Vitrinen und auf Sockeln wurden alle Gegenstände erstmals in komplett eingerichteten Räumen gezeigt. Van de Velde hatte selbst ein Rauch- und Eßzimmer sowie ein Kabinett eingerichtet, die jeweils die Arbeiten anderer Künstler integrierten. Lampen standen dort, wo sie benötigt würden, wäre das Haus bewohnt, und Tische wurden vollkommen eingedeckt, um auch die kleineren kunsthandwerklichen Gegenstände zeigen zu können. Stilistisch war der Begriff Art nouveau allerdings mindestens so weit gefaßt wie der des Jugendstils. Die Exponate reichten von den lasziven Stühlen Carabins bis zu Leuchtern von Otto Eckmann. Im Metallgewerbe war es vor allem

Amerika, das Frankreich auf seinem ganz spezifischen Weg in die Welt der mit kleinen Nymphen bevölkerten Bachlandschaften folgte. Elegante Lilien und schaumbekrönte Meereswogen wurden zum Lieblingsmotiv der Kunsthandwerker aller Sparten.

■ HEINRICH VOGELER

In Deutschland war es vor allem der Worpsweder Maler Heinrich Vogeler, der in enger Zusammenarbeit mit der Bremer Silberwarenfabrik Wilkens & Söhne bezaubernde Bestecke schuf, die ganz dem floralen Jugendstil verbunden sind. Der romantischen Naturverklärung seiner bildnerischen Tätigkeit blieb er auch in seinen Silberarbeiten treu.

Das 1898/99 entworfene „Tulpenbesteck" ist die wohl „vollkommenste und in sich stimmigste Ausformung für einen durch und durch floralen Besteck-Entwurf" (Sänger). Die Einzelteile des Bestecks sind von Vogeler wie Tulpen gedacht. Die langen eleganten Blätter dieser Blume bilden den Griff des Bestecks. Wie Blüten auf ihren Stengeln wachsen die Löffellaffe und das Schiff der Gabel aus den noch nicht ganz

Herstellermarke der Firma Wilkens & Söhne aus Hemelingen bei Bremen.

Dessert- und Kaffeelöffel aus gepreßtem und gestanztem Silberblech, USA um 1900.

Heinrich Vogeler, „Tulpenbesteck" in der zweiten Version mit gerader Balance, die spätestens seit 1903 hergestellt wird

Sog. „Margeritenmuster" von Heinrich Vogeler. Um 1902 von Wilkens & Söhne ausgeführt.

geöffneten Blättern hervor. Das ursprünglich nur für den Herausgeber der Zeitschrift „Die Insel", Alfred Walter Heymel, gefertigte Besteck ging schon bald auch als Muster Nr. 147 in Serie. Der unerwartete finanzielle Erfolg dieses Entwurfs veranlaßte die Firma Wilkens, noch eine Reihe weiterer Entwürfe von Vogeler auszuführen, der eine Zeitlang deren Bedarf an „Künstlerbestecken" ganz alleine abdeckte. Darunter ist das Modell „Herbstzeitlose" und das um 1902 entstandene „Margeriten-Besteck" (Muster Nr. 145), dessen Griffe nicht etwa, wie der Name denken läßt, mit Margeriten, sondern mit einem blühenden Apfelbaum geschmückt sind.

WELTAUSSTELLUNG 1900

In traditionsreichen Messestandorten wie Leipzig oder Frankfurt finden Ausstellungen und Messen zur Förderung der Wirtschaft schon seit Jahrhunderten statt. Aber erst die Industrialisierung im Verband mit einem überall keimenden Nationalismus schien große internationale Messen als Orte friedlichen Wettbewerbs plötzlich notwendig zu machen.

Die erste Weltausstellung fand 1851 im damals führenden Industrieland Großbritannien statt. 1855 folgte Paris, wo 1889 eine weitere Weltausstellung stattfand. Der aus diesem Anlaß errichtete Eiffelturm ist noch heute eines der Wahrzeichen der französischen Hauptstadt.

Auf der legendären Ausstellung von 1900, wiederum in Paris, offenbarten sich die Probleme, die die angewandten Künste in einer durch Massenproduktion geprägten Zeit noch haben würden. Der überwiegende Teil der Exponate war hochgradig konventionell und täuschte eine handwerkliche Fertigung vor. Selbst die bekannte französische Silberschmiede Christofle zeigte fast nur gut verkäufliche Stilbestecke, die allerdings in Jugendstilvitrinen von Majorelle auslagen. Die Architektur der Nationalpavillons war ohne Ausnahme historisch. Der Style Nouveau demonstrierte sich stattdessen am Pavillon der Tänzerin Loie Fuller und an den Eingängen der neuen Metro.

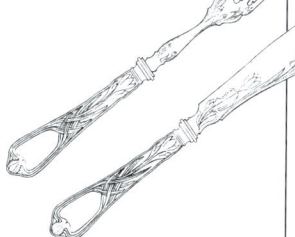

Atelierzeichnung eines Fischbestecks mit dem Muster „Herbstzeitlose" nach dem Entwurf von Heinrich Vogeler 1902 für Wilkens.

REFORMEN VON OBEN UND VON UNTEN

Nach einer langen Phase des wirtschaftlichen Aufbaus, als, ermöglicht durch die rapide wachsenden Erkenntnisse in allen Zweigen der Wissenschaften, die meisten Staaten auf dem Kontinent den Schritt vom Agrar- zum Industrieland machten, wurden sich engagierte Kreise der Tatsache bewußt, daß sich völlig entgegengesetzt dazu die Malerei und vor allem die Architektur und das Kunsthandwerk auf einen beklagenswerten Weg in die Vergangenheit begeben hatten. Es kam hinzu, daß auf vielen Gebieten der Produktion die traditionelle handwerkliche Herstellung ganz oder überwiegend durch maschinelle Herstellungsverfahren ersetzt wurde. Es wurden jetzt mittels Stanzen und Pressen aus Ersatzmaterialien wie Argentan oder Alpaka Bestecke hergestellt, die imitierten, was der Silberschmied zuvor noch in langen Arbeitsstunden gehämmert und getrieben hatte. Daß angesichts der unkontrollierten Bevölkerungsexplosion, die Städte wie Wien innerhalb von dreißig Jahren von einer halben auf fast zwei Millionen Bewohner anschwellen ließ, die adäquate Versorgung der Menschen mit Wohnraum und Gebrauchsgütern nicht mehr bewerkstelligt werden konnte, war nur zu offensichtlich geworden. Die ungeheuren Massen an Schund, die den größten Teil des Niedrigpreissektors auch bei den Tafelgeräten ausmachten, waren aber selbst mit den niedrigen Preisen, die aufgrund der maschinellen Herstellung verlangt werden konnten, überbezahlt.

Versuche, Abhilfe zu schaffen, führten zu zwei ganz unterschiedlichen Ansätzen. Der eine lag darin, zunächst sein Heil in der Vergangenheit zu suchen, in der man Kunst und Gesellschaft in vermeintlichem Einklang wähnte. Fast gleichzeitig begannen daher das Bürgertum in den Städten ganz Europas und nicht selten auch der Staat selbst, also sozusagen die Abnehmer der neuen Produkte, Museen für Kunsthandwerk aufzubauen, deren Sammlungen den Handwerkern und Fabrikanten Vorlagen und Anregungen bieten sollten.

Die erste dieser reformatorischen Initiativen ist das 1852 in London gegründete South Kensington Museum, das heutige Victoria and Albert Museum. Leider lag es in der Natur dieser von oben kommenden Reformansätze, daß hierdurch die Reproduktion historischer Stile nur noch forciert wurde.

● **GEFAHREN DES JUGENDSTILS**

„Nicht-strukturierte Objekte, solche, deren Formen ein Chaos von Linien sind, denen das Auge nur langsam oder völlig ergebnislos folgen kann, sollten aus den Behausungen der Menschen verbannt werden, weil sie für die geistige Welt dasselbe sind wie Vulkane oder Erdbeben in der realen Welt. Sie schaffen Unordnung und Zerstörung. Die Formen der Dinge, die den Menschen umgeben, sollten Vorstellungen von Stabilität und Symmetrie vermitteln, damit sie ebensolche Gedanken bei denen auslösen, deren Augen sie sich präsentieren."

THE CRAFTSMEN, 1904

Verdrossene Künstler verbanden sich mit antimodernen Strömungen des Sozialismus und fanden sich in reaktionär-nostalgischen, gildeähnlichen Gemeinschaften zusammen. Idealistisch verkündeten die Anhänger dieser von England ausgehenden Bewegung die Rettung der Seele des Maschinenmenschen durch gutes Design, das lebenswichtig nicht nur für das ökonomische, sondern auch für das moralische Wohlergehen einer Nation sei. Statt Lösungen für die zunehmend miserabler werdende Massenproduktion zu suchen, setzte man auf verantwortungsvolles individuelles Handwerk, das in dezentralisierten Werkstätten für ebenso verantwortungsvolle individuelle Privatkunden produzieren sollte. Die theoretischen Grundlagen dieser „Arts and Crafts" genannten Bewegung wurden Mitte des 19. Jahrhunderts von John Ruskin und William Morris gelegt. Ruskin war ein Verehrer der Gotik, speziell derjenigen venezianischer Ausprägung, und predigte Respekt vor den künstlerischen Leistungen vergangener Generationen. Er war der festen Überzeugung, daß die Flut schlecht gemachter Gebrauchsgegenstände, die den Markt überschwemmten, nur einzudämmen war, wenn sich verantwortungsvolle Künstler mit gut ausgebildeten Handwerkern in engster Gemeinschaft der handwerklichen Produktion von haltbaren und schönen Produkten widmeten. Seine schwärmerischen Sozialutopien sahen nach mittelalterlichem Vorbild organisierte Gilden vor, die in eigenen Siedlungen nicht nur zusammen arbeiteten, sondern auch den Boden bewirtschaften sollten. Die 1871 von ihm gegründete St. Georg's Guild war die einzige Realität gewordene Gemeinde dieser Art. Wirkliche Produkte hat diese Gilde nicht hervorgebracht.

Daß die notwendig gewordene Massenproduktion unter Umständen nach völlig neuen Konzepten verlangte, war für diese Generation zunächst als Problem wohl gar nicht zu erkennen. Es bedurfte erst des Scheiterns der Künstlergilden Englands und der nach ihrem Muster organisierten Wiener Werkstätte, um neue Wege für zukunftsträchtigere Ansätze zu eröffnen.

Die in England entwickelten Vorstellungen von einer engen Arbeits- und Lebensgemeinschaft von Künstler und Handwerker blieben bis in Bauhaus-Tage von entscheidendem Einfluß. Erst nach dem zweiten Weltkrieg löste der professionelle Designer, der häufig Produkte jeder Art entwirft, die sozialreformatorischen Gemeinschaften ab.

VOM UNNUTZ DES LESENS UND SCHREIBENS

Bei der Organisation seiner St. George Gilde scheint Ruskin ganz auf die kreativen Energien einer unverbildeten Generation von Kunsthandwerkern zu setzen, denn außer einem absoluten Maschinenverbot galt: „In der Regel wünsche ich jedoch nicht, daß die Kinder St. Georgs Lesen und Schreiben erlernen, denn nur sehr wenigen Menschen gereicht dies zu irgendeinem Nutzen."

■ WILLIAM MORRIS UND CHRISTOPHER DRESSER: ANTIPODEN DES „MODERN MOVEMENT"

William Morris ist sicherlich der bekannteste Künstler der Arts-and-Crafts-Bewegung, wohl nicht zuletzt deshalb, weil es seiner 1861 gegründeten Firma Morris, Marshall, Faulkner & Company als einer der wenigen gildenartig strukturierten Unternehmungen beschieden war, finanziell erfolgreich zu sein. Sein Einfluß auf die metallverarbeitenden Künstler liegt vor allem im theoretischen Bereich. Als Anhänger Ruskins forderte er: „Jeder Handwerker soll ein Künstler und jeder Künstler ein Handwerker" sein. Im radikalen Gegensatz dazu sind die Dinge, die nach Morris Entwürfen entstehen, nicht von ihm selbst gemacht, obwohl er ein hochbegabter Handwerker war. Die zweite Inkonsequenz des bekennenden Sozialisten Morris war, daß die Produkte seiner Firma durch den Verzicht auf Maschineneinsatz für die breite Masse unerschwinglich wurden. Ein grundsätzliches Problem, das alle später folgenden reformatorischen Künstlervereinigungen wie die Darmstädter Künstlerkolonie oder die Wiener Werkstätte auch nicht zu lösen vermochten.

Inzwischen war klar geworden, daß man sich, um Kunst für die Masse zu produzieren, der Massenproduktion bedienen mußte. Der Ansatz Christopher Dressers, der gleichzeitig mit Morris in England wirkte, war daher von vorn herein ein anderer.

Mit ungeheurer Weitsicht entwarf er seit den 60er Jahren des 19. Jahrhunderts ausschließlich für die maschinelle Produktion Tafelgeräte, die von schockierender Modernität sind . Er bewunderte die Erzeugnisse japanischer Silberschmiede, deren glatte, unornamentierte Formen Dressers rigorose Forderung nach Funktionalität erfüllten. Seine Überzeugung war, daß man den Geräten die ihrer Entstehung vorangegangenen Überlegungen des Designers ansehen sollte. Der promovierte Botaniker Dresser ging formale Gestaltungsprobleme auf wissenschaftlichem Wege an, und die auf diesem Wege gefundenen Lösungen führten konsequenterweise zu einem sachlichen Entwurf, der keinerlei historische Stile rezipierte und damit auch keiner bestimmten nationalen Tradition verpflichtet war. Seine Ideen blieben insofern folgenlos, als sie dem allerorten aufkeimenden Nationalismus, der nach nationalspezifischen Stilen verlangte, nicht dienlich sein konnten. Es war das Verdienst des Architekturhistorikers Nikolaus Pevsner, der aus dem Umfeld der Neuen Sachlichkeit und des russischen Konstruktivismus stammte, die Öffentlichkeit Ende der 30er Jahre wieder auf Christopher Dresser aufmerksam zu machen.

Mittlerweile erzielen nach Dressers Entwürfen gefertigte Metallarbeiten Höchstpreise auf Auktionen. 1988 beauftragte Alberto Alessi den englischen Designer Brian Asquith mit genaueren Recherchen zu

Kleine Fülle von Christopher Dresser. Originalentwurf 1880.

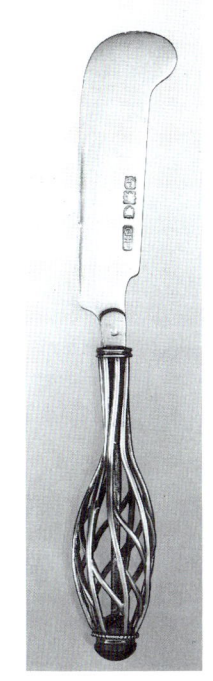

*Silbernes Butter-
messer mit
filigranem
Körbchengriff,
der mit einem
Halbedelstein
abschließt.
C.R. Ashbee
um 1900.
Victoria &
Albert Museum,
London.*

Dressers Metallarbeiten, die inzwischen von der Firma Alessi nach den Originalen reproduziert werden.

■ CHARLES ROBERT ASHBEE

Der englische Architekt und ausgebildete Silberschmied unterrichtete gleichzeitig mit Morris in der universitären Reformsiedlung Toynbee Hall im Osten Londons, die im Geiste praktischen „Ruskinianismus" zur Aus- und Weiterbildung junger Arbeiter eingerichtet worden war. Seine Klasse entwickelte sich bald zur Kunstklasse, die gemeinsam 1887 den Speisesaal der Schule ausbaute.

1888 gründete Ashbee mit seinen Studenten die „Guild of Handicraft" und installierte sie 1890 in Essex House, ebenfalls im Osten Londons. Hier schuf er in enger Zusammenarbeit mit den Silber- und Goldschmieden die nach seinen Vorstellungen idealen Gegenstände, die durch große Materialgerechtigkeit gekennzeichnet waren. Die Herstellung von Bestecken in einem solchen Rahmen führt notgedrungen zur Beschränkung in der Stückzahl und zu einem nicht unerheblichen Preis. Einer seiner Auftraggeber war der Großherzog von Hessen, der uns später als Initiator der Darmstädter Künstlerkolonie wiederbegegnet.

Die meisten seiner Entwürfe sind durch den virtuosen Einsatz verschiedener Materialien gekennzeichnet. Typisch ist die Verwendung von Halbedelsteinen in Cabochonform, wie sie sowohl im filigran durchbrochenen Muster des Löffelgriffs als auch am Ende und am unteren Ansatz der in der Fülle ebenfalls durchbrochenen Kelle vorkommen. Die an archaische Ornamentik erinnernden Steine stehen in einem reizvollen Gegensatz zu den mehr dem Jugendstil verwandten floralen Motiven. Zusammen machen sie die besondere Ästhetik des typischen Arts-and-Crafts-Stils aus. Prinzip bei der gesamten Produktion der Gilde war der Einsatz günstiger Materialien. Halbedelsteine und heimische Hölzer wurden Elfenbein und Ebenholz vorgezogen. Innerhalb dieses Rahmens bemühte man sich jedoch um exzellente Ausführung und aufwendige Verarbeitung. So gehörte das Buttermesser mit dem körbchenartigen Griff in arbeitsintensiver Filigrantechnik sicher nicht zu den preisgünstigen, von jedermann zu erwerbenden Tafelgeräten.

*Entwürfe der Guild of Handicraft um 1900.
Victoria & Albert Museum, London.*

Wie bei fast allen ähnlich gelagerten Reformbewegungen deckten die mit den Waren erzielten Erträge bei weitem nicht die Ausgaben. 1907 meldete die „Guild of Handicraft" freiwillig Konkurs an. Die beteiligten Handwerker fuhren zum Teil fort, nach Entwürfen von Ashbee zu arbeiten. Ashbee selbst stand nach diesem Experiment der maschinellen Produktion von Gebrauchsartikeln nicht mehr ganz so ablehnend gegenüber.

■ ARCHIBALD KNOX UND DER LIBERTYSTIL

Nicht selten wird Ihnen Libertystil als Synonym zu Jugendstil oder Art nouveau begegnen. Liberty war ein Kaufhaus, das 1875 von Charles Arthur Lasenby in der Regent Street in London gegründet wurde. Ursprünglich mit dem Vertrieb von Gütern aus dem Orient beschäftigt, war es Lasenbys Verdienst, das Potential der Arts-and-Crafts-Entwürfe für eine Produktion im großen Rahmen zu erkennen. Er interessierte sich wenig für die elitären Vorstellungen von handgearbeiteten Gebrauchsgegenständen, die den Geist des Benutzers erweitern sollten. Statt dessen ließ er die für ihn von verschiedenen Designern gemachten Entwürfe bei renommierten Firmen ausführen und öffnete damit der Bewegung eine größere Konsumentenschicht. Die allerdings mußte sich mit Plagiaten zufriedengeben, denn die ursprünglichen Arts-and-Crafts-Künstler

Vorlegelöffel von Archibald Knox aus einer Reihe von Andenkenlöffeln, die er 1901 anläßlich der Krönung Edwards VII. für Liberty & Co schuf. Silber mit typischer Flechtbandornamentik und orangegelb emaillierten Flächen auf der Laffe.

beharrten weiter auf handwerklicher Ausführung. Eine Bekleidungs- und Möbelabteilung waren bereits in den 80er Jahren eingerichtet worden. Metallwaren folgten Ende der 90er. Kurz vor der Jahrhundertwende wurden die ersten Silberbestecke angeboten, unter der Handelsmarke „Cymric". Die ersten Teile dieser Serie wurden noch in Handarbeit hergestellt. Sie stammen meist von Archibald Knox, der wohl über das einflußreiche Architekturbüro Baillie Scott mit Liberty und Co. in Kontakt gekommen war. Die meisten seiner Besteckteile bestechen weniger durch innovative Formgebung als vielmehr durch ein brillantes Farbenspiel. Knox kombiniert den hellen Glanz des Silbers mit Vorliebe mit satten grünen, blauen und roten Emailfarben, die in die Vertiefungen der Ornamente eingeschmolzen wurden. Sein Formenrepertoire ist durch keltische Vorbilder inspiriert, wie sie in Großbritannien auf zahlreichen steinernen Monumenten, aber vor allem auch in Buchillustrationen und Goldschmiedearbeiten überliefert sind. Anläßlich der Krönung Edwards VII. entwirft Knox eine ganze Reihe von Gedenklöffeln. Ihre etwas weiche Flechtbandornamentik und pseudo-

Teelöffel aus der Serie „CYMRIC" von Liberty & Co., 1904.

Zwei Teelöffel von Liberty & Co. 1903 und 1904. Dasselbe Dekor ist einmal durchbrochen und einmal emailliert.

28

mittelalterliche Inschriften wurden beim britischen Publikum begeistert aufgenommen und lösten eine regelrechte „Celtic-Revival"-Mode aus, die Liberty, nachdem die Entwürfe von Knox mittlerweile maschinell hergestellt wurden, preisgünstig befriedigen konnte. Bei den ursprünglichen Initiatoren der Arts-and-Crafts-Bewegung erfreute sich Lasenby keiner allzu großen Beliebtheit. Man warf ihm vor, daß er alle gesellschaftspolitischen Aspekte der Bewegung vollkommen außer Acht ließe. Darüber hinaus verfuhr Lasenby nicht immer respektvoll mit den Entwürfen seiner Künstler, die solange geändert wurden, bis sie den Anforderungen der maschinellen Produktion genügten. Ashbee lastete ihm persönlich das Scheitern seiner „Guild of Handicraft" an, die mit den günstigen Produkten Lasenbys nicht konkurrieren konnte. „Hier ist Lasenby, der £ 10.000.– [was in der Tat nicht stimmte] in die Cymric Silver Co. steckt, und wir müssen um unsere Hunderter kämpfen und uns mit abscheulichen Broschen etc. durchschlagen ,, (Ashbee 1903).

◼ CHARLES RENNIE MACKINTOSH

Das Werk von Charles Rennie Mackintosh und der „Glasgow Four" wird heute zurückblickend als wichtiger Schritt vom eklektischen Historismus zur Moderne gewertet. Seine Zeitgenossen ignorierten über den engen Kreis seiner Förderer hinaus seine

Entwürfe, und er erfreute sich auf dem Kontinent, wo frühzeitig Artikel über ihn in der „Dekorativen Kunst" und anderen einflußreichen Zeitungen erschienen, größerer Bekanntheit als in Großbritannien. Der gebürtige Glasgower trat 1889 als technischer Zeichner in das neugegründete Architektenbüro Honeyman & Keppie ein, für

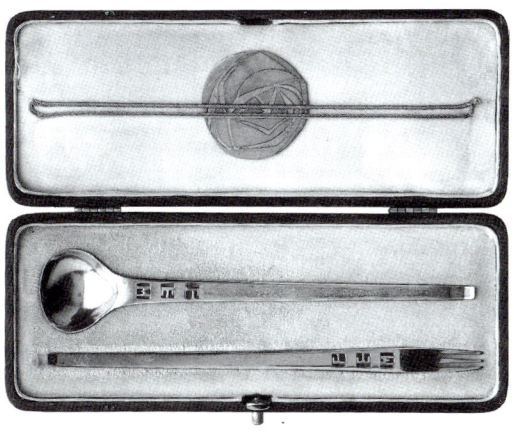

Löffel und Gabel von C.R. Mackintosh für Friedrich Eckart Muthesius im Originaletui bestickt von Margeret Macdonald Mackintosh, 1904 . Museum für Kunst und Gewerbe, Hamburg.

das er, ab 1901 als Partner, bis 1913 tätig war. Sein erster und bekanntester Auftrag war die Glasgow School of Art. Den Wettbewerb dafür hatte er 1896, kaum 28 Jahre alt, gewonnen. Noch im selben Jahr erhielt er den ersten Auftrag für eine Reihe von Teestuben, die er für die Unternehmerin Cathrine Cranston einrichtete. Zählte Hermann Muthesius Mackintosh 1902 noch zu den „Genies moderner Architektur", geriet sein Werk, das sich überwiegend in Glasgow befindet, sehr schnell in Vergessenheit. Erst in den letzten beiden Jahrzehnten fand

Suppen- und Puddinglöffel sowie kleine und große Gabel aus dem Besteck von C.R. Mackintosh für Jessie und Francis Newbery, 1902.

nament. Einige von ihnen sind von richtungsweisender Modernität und gehören zu den revolutionärsten ihrer Zeit, vergleichbar nur mit den wenig später entstandenen Entwürfen von Josef Hoffmann für die Wiener Werkstätte.

Eines dieser Einzelstücke befindet sich seit 1978 im Besitz des Museums für Kunst und Gewerbe in Hamburg. Das noch im Originaletui erhaltene Kinderbesteck war ein Geschenk an den deutschen Architekten Hermann Muthesius zur Taufe seines dritten Sohns Friedrich Eckart, dessen Pate Mackintosh war. „Liebe Frau Muthesius", schrieb Mackintosh in einem Brief, „ich hoffe Sie erhielten mein Telegramm rechtzeitig. Ich schreibe nun um zu sagen, daß ich sehr geehrt bin, gefragt worden zu sein und sehr erfreut Pate ihres kleinen Sohnes Eckart zu sein. Ich bin zum erstenmal Pate und hoffe, daß ich all meine Pflichten werde ordentlich erfüllen können. Ich habe meinen Silberschmied beauftragt, ein kleines Geschenk für ihn zu machen, und hoffe, es bald absenden zu können...". Das durch seinen Zweck klar auf 1904 zu datierende Besteck besteht aus einem Löffel, dessen Laffe sich stark oval an den sehr schlanken langen Stiel anschließt. Die Gabel ist ebenfalls extrem schmal und verbreitert sich am oberen Ende nur unwesentlich für die Zinken. Ni-

Teelöffel von C.R. Mackintosh für Mrs Cranston. Versilbert, 1903.

eine Neuentdeckung und -bewertung statt. Mackintosh näherte sich wie die meisten seiner Architektenkollegen der Arbeit mit Metall zunächst über die verschiedenen Applikationen, die er in seinen Häusern verwendete. So gewinnt er mit Lampen, Fenstergittern und Möbelgriffen oder -schlössern, die sich vollkommen dem Gesamtkonzept seiner Bauten unterordnen, die ersten Erfahrungen im Metallverarbeitungsbereich. Erst ab etwa 1900 entstehen Besteckentwürfe, die er zunächst überwiegend für Freunde und Bekannte macht. Insgesamt sind nur sieben verschiedene Besteckmodelle bekannt, die alle in den ersten Jahren dieses Jahrhunderts entstanden. Im Unterschied zum Arts-and-Crafts-Stil sind sie weniger robust und besitzen leicht durchschaubare Strukturen. Seine Bestecke bestechen durch klar umrissene Konturen und den Verzicht auf dreidimensionales Or-

kolaus Pevsner fand die Form des Bestecks zwar „ganz neuartig", aber „funktionell nicht überzeugend". Wesentlicher Teil des Dekors ist hier wie auch bei gleichzeitigen Beispielen aus Wien und Deutschland das Besitzermonogramm. Die einzeln untereinander angeordneten Buchstaben FEM für Friedrich Eckart Muthesius entsprechen in ihrer graphischen Strenge der ebenso rigiden Kontur. Ihren dekorativen Effekt erzielen sie allein durch den Gegensatz zwischen der silbergrauen Oberfläche der Besteckteile und den geschwärzten Quadraten, die den Rahmen für die wiederum erhabenen hellen Initialen bilden. Die auf dem Innenfutter des Etuis gestickte stilisierte Rose soll von Mackintoshs Frau, Margaret McDonald-Mackintosh, stammen, die eng mit ihrem Mann zusammenarbeitete und vor allem die die Architektur ergänzenden Textilentwürfe lieferte. Das Rosenmotiv ist im Werk der beiden nicht neu und findet sich am prominentesten im sogenannten „Rose Boudoir", das 1902 auf der Internationalen Ausstellung in Turin gezeigt worden war.

Fischbesteck von C.R. Mackintosh für seinen eigenen Gebrauch. Um 1903. Hunterian Art Gallery, Glasgow.

Das eigentliche Besteck, das sicherlich zu Mackintoshs strengsten Entwürfen gehört, entstand ursprünglich wohl für die Teeräume von Miss Cranston , sehr wahrscheinlich für den Willow Tea Room. Weitere Ausführungen wurden auch an andere Auftraggeber verkauft. Nachweislich besaßen auch Freunde wie der Direktor der Glasgow School of Art Fancis Newbery dieses Modell. Die Teeräume, die Mackintosh von 1896 an in sukzessiver Folge für Miss Cranston baute und einrichtete, waren in unserem Zusammenhang sicherlich seine wichtigsten Aufträge. Ein Beispiel ist das 1903 für den Ingram Tea Room entworfene Besteck mit dreipaßförmigem Stielende. Wie alle Entwürfe für die Teestuben ist es rückseitig mit „Miss Cranston's" bezeichnet und nur versilbert. Der hier abgebildete Löffel folgt einem ziemlich konventionellen Typus, was in Anbetracht dessen, daß er für ein kommerzielles Unternehmen entstand, nur angebracht scheint. Schließlich wollte man die Kunden nicht überfordern, die sich ohnehin schon in ganz außergewöhnlicher Umgebung befanden. Die Einrichtung der einzelnen Räume folgte jeweils speziell entwickelten Farbkonzepten, die vor dem Einsatz von grellem Gelb (Dug-Out Tea Room, 1917) ebensowenig zurückschreckten wie vor einer Komposition aus Weiß, Lila und Silber, die für den Room de Luxe des Willow Tea Room gewählt wurde (1903). Letzerer ist im Originalgebäude an der Sauchiehall Street in Glasgow rekonstruiert und wird heute wieder als Teeraum genutzt. Alle anderen sind zerstört, und das Inventar ist in alle Winde verstreut. Gelegentlich tauchen daher auch noch einzelne Stücke in Auktionen auf.

Gleichzeitig mit den Arbeiten am Willow Tea Room entsteht auch ein Fischbesteck, das Mackintosh für seinen persönlichen Gebrauch entwirft. Das Original befindet sich in der Hunterian Gallery in Glasgow, in der seit 1946 die weltweit größte Samm-

31

lung von Entwürfen, Möbeln und Utensilien aus dem Nachlaß von Charles Rennie Mackintosh und Margaret MacDonald-Mackintosh gehütet wird.

Wie bei allen seinen Bestecken handelt es sich um eine reine Entwurfsarbeit. Die Ausführung übernahmen örtliche Silberschmiede. Durch die separate Anfertigung jedes einzelnen Stücks unterlag dieser Entwurf keiner anderen Einschränkung als der, die durch den intendierten Zweck festgelegt wurde. Ungebunden durch Vorgaben, wie sie bei maschineller Fertigung aus Kostengründen grundsätzlich vorhanden sind, konnte Mackintosh das gesamte Gerät einer formalen Neugestaltung unterziehen, die auch Klinge und Laffe miteinbezog.

Die Kontur des Bestecks ist charakterisiert durch den an- und abschwellenden pflanzenstielartigen Griff, an dem oben, gleich Blättern, die Zinken der Gabel und die zum Zerlegen des Fisches notwendigen Teile des Messers aufsitzen. Man scheut sich fast, diese vegetabile Endung noch Schneide zu nennen. Eine erhaltene Originalzeichnung zeigt die verschiedenen Stadien, die der Entwurf bis zu seiner endgültigen Form durchlief. Ausgehend von der wohl relativ schnell gefundenen Form für das Messer, sind auf dem Blatt mehrere Versionen für die Gabel erhalten. So hatte Mackintosh ursprünglich wohl ein beinahe quadratisches Schiff mit fünf Zinken für die Gabel im Sinn, bevor er sich dafür entschied, unmittelbar aus der Form des Messers eine entsprechende für die Gabel zu entwickeln. Im Dekor beschränkte er sich zugunsten der reinen Materialwirkung des polierten Silbers auf zwei kleine, tropfenförmig ausge-

stanzte Löcher, die sich beim Messer beidseitig des bis auf das Blatt gezogenen Stils befinden, bei der Gabel dagegen auf einem ebenfalls am Ansatz angebrachten erhöhten Oval. Dieser eigenartige Übergang vom Griff zur Laffe könnte vom traditionellen „Rattenschwanz" abgeleitet sein, was grundsätzlich kein Widerspruch zur modernen Form wäre. Schließlich lehrte Mackintosh im Geiste kreativer Unabhängigkeit, aber mit Respekt für die Leistungen der Vergangenheit. Das Tropfenmotiv, sowohl in der Laffenform vorhanden, als auch im Dekor wiederholt, findet sich zum Zeitpunkt der Entstehung des Bestecks auch auf mehreren seiner Möbelentwürfe. Der weiß lackierte Tisch, obwohl zu einem für die Tearooms entworfenen Interieur gehörend, stimmt im Detail so sehr mit den Besteckformen überein, daß er sie ideal ergänzt. Die Familie Mackintosh selbst benutzte einen großen dunkelgebeizten Eßtisch, der auf einen früheren Entwurf für die Argyle Street Tea Rooms (1897 bis 1899) zurückgeht.

Tisch von C.R. Mackintosh für Mrs Cranston. School of Art, Glasgow

Dreiteiliges Eßbesteck aus der Serie „Flaches Modell" von Josef Hoffmann für die Wiener Werkstätte in der zweiten Version, die ab 1905 mit deutlich vom Griff abgesetzten Gabelschiff hergestellt wurde.

Am 19. Mai 1903 wurde die 'Wiener Werkstätte, Productivgenossenschaft von Kunsthandwerkern' ins Wiener Handelsregister eintragen.

Die gesellschaftlichen Ideen eines William Morris, aber auch der Ruf nach Einfachheit und Echtheit waren in Wien auf fruchtbaren Boden gefallen und wurden in den dortigen Künstlerkreisen begeistert aufgenommen. Die Arbeiten der Glasgow School of Art, die 1900 in Wien gezeigt wurden, galten als beispielhaft, und man suchte den Kontakt zu den Mitgliedern dieser Gruppe. Der Austausch war zeitweise so stark, daß man einzelne Motive wie etwa das berühmte Wiener Quadrat nicht nur in Österreich, sondern zum Beispiel auch im jüngeren Flügel der Glasgow School of Art von C.R. Mackintosh (1907 bis 1909) allenthalben findet.

Josef Hoffmann, neben Kolo Moser einer der Gründungsdirektoren der Wiener Werkstätte, war bereits 1900 in London, um die Organisationsform von Ashbees „Guild of Handicraft" zu studieren. Auf derselben Reise lernt er auch Mackintosh kennen. Schon 1902 kehrt Hoffmann in Begleitung des Direktors der Wiener Kunstgewerbeschule nach London zurück und trifft sich in Glasgow mit Mackintosh. Im selben Jahr besucht auch der Industrielle Friedrich Wärndorfer den schottischen Architekten und bestellt einen Musiksalon. Wärndorfer wird im folgenden Jahr der Kassierer der neugegründeten Werkstätten, was de facto bedeutete, daß er die ambitionierten Projekte der jungen Kunstgewerbler finanziell unterstützte. Die Idee der Einheit und das Ideal des Gesamtkunstwerks, bei dem Tep-

piche, Möbel, Tapeten und Gebrauchsgegenstände in harmonischem Einklang mit der Architektur und der Kunst standen, war bereits angestrebtes Ziel der 1898 mit viel Lärm eröffneten ersten Ausstellung der neugegründeten Wiener Sezession, bei der sowohl Hoffmann als auch Moser beteiligt waren. Unter demselben Siegel stellten beide 1900 auf der Pariser Weltausstellung aus, wo ihre Arbeiten große Beachtung fanden.

Die Wiener Werkstätte, deren erklärtes Ziel die „Förderung der wirtschaftlichen Interessen ihrer Mitglieder" war, verfügte bereits von Anfang an über eine Metallwerkstatt. Sie verstand sich laut Satzung sowohl als Schulungs- als auch als Produktionszentrum, wo nach Entwürfen der Mitglieder gefertigt wurde.

Nach bisherigem Stand der Forschung stammen die weitaus meisten Besteckent-

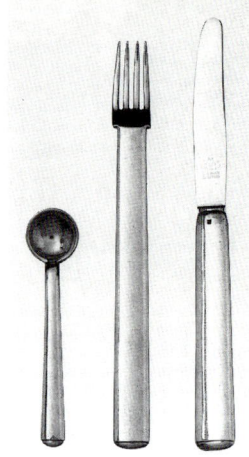

würfe von Josef Hoffmann. Es gab aber auch Modelle, die von Carl Otto Czeschka, Eduard Wimmer oder Julius Zimpel entworfen worden waren. Die Datierung dieser Bestecke beruhte bisher im allgemeinen auf Schätzungen, doch seit den präzisen Untersuchungen von Waltraud Neuwirth, die auf den sich heute im Österreichischen Museum für angewandte Kunst befindlichen Archiven der Wiener Werkstätte beruhen, sind zumindest die Entwürfe Hoffmanns genau aufgearbeitet. Es stellte sich heraus, daß längst nicht alle Bestecke in den eigenen Werkstätten gefertigt wurden. Besonders die auf Alpakabasis versilberten Bestecke könnten nach 1907/09 auch von der Wiener Firma Bachmann & Co. ausgeführt worden sein, selbst wenn sie mit der Rosenmarke der Wiener Werkstätte oder dem WW-Monogramm gekennzeichnet sind. Das Künstlermonogramm JH fehlt andererseits gelegentlich oder befindet sich, zumindest in einem Fall, auf einem Besteck, das eigentlich von Wimmer entworfen wurde.

Neben den vielteiligen Bestecksätzen, die zur Ausstattung eines modernen Speisezimmers passen sollten, arbeiteten Hoffmann und Moser zunächst auch an Zierlöffeln und -gabeln, die weniger zum Essen als zum Sammeln gedacht waren. Weniger dogmatisch als bei den Bestecken spielen beide bei diesen Einzelteilen mit den Materialien und sie entwickelten Ornamente, die den Entwürfen von Ashbee und den anderen Arts-und-Crafts-Künstlern sehr nahe kommen. Keiner dieser Löffel und Gabeln wurde allerdings in nennenswerter Stückzahl gefertigt.

Das erste Besteck Hoffmanns wurde bereits im Dezember des Gründungsjahres 1903 in Silber gefertigt. Als letztes wurden 1930, kurz vor der Liquidierung der Werkstätte, einige Teile des Bestecks „S be 5" ausgeführt. Die Schließung markierte das Ende einer Epoche, in der das Kunsthandwerk im Zentrum ehrgeiziger Bemühungen um Modernität gestanden hatte.

■ DAS „FLACHE MODELL"

Auf einem Foto aus dem Nachlaß der Wiener Werkstätte ist ein beinahe kompletter Satz des ältesten Bestecks von Josef Hoffmann für die Werkstätte abgebildet. Es ist deutlich mit Seriennummern versehen und zeigt das schon damals so genannte „flache Modell".

Die ersten Teile dieses Bestecks entstanden wohl 1903/4, doch bereits 1905 wurde es für Friedrich Wärndorfer an der Gabel modifiziert. Klar dominiert die gerade Umrißlinie, und sie erlaubt im ursprünglichen Modell nicht einmal eine leichte Verbreiterung für die Zinken der Gabel. Griffe und Stiele dieses Bestecks sind, wie der Name sagt, flach. Am unteren Ende befinden sich vier kleine Kugeln, die das einzige zugelassene Dekorationselement sind. Griff und Kelle der Löffel beziehungsweise Griff und Zinken der Gabeln sind optisch in einem Stück

Messer, Gabel und kleiner Löffel aus der Serie „Rundes Modell" von Josef Hoffmann. 1906 für die Wiener Werkstätte entworfen.

Monogramm für Friedrich Wärndorfer.

durchgeführt. Einzig das Messer ist in Silbergriff und Stahlklinge zweigeteilt. Die diversen Löffeltypen sind mit einem sich nach unten verjüngenden Griff ausgestattet, an den, je nach Verwendungszweck des Löffels, eine runde oder eine ovale Laffe anschließt. Wichtigstes dekoratives Element dieses Entwurfs sind neben den Silberkügelchen die ebenfalls von der Werkstätte gestalteten Monogramme, die entweder in einfacher Gravur oder als stärker hervortretendes Tula-Monogramm ausgeführt werden konnten. Die Preise für die Variante mit Besitzermonogramm waren erheblich höher als für ein nicht gekennzeichnetes Besteck. Dafür wurden die Monogramme aber auch von den Werkstätten speziell entworfen.

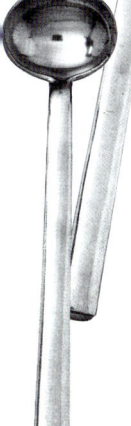

auucenlöffel, rlegegabel d-löffel aus r runden odellserie. sgeführt n der iener erkstätte 1906.

■ DAS „RUNDE MODELL"

Dieses meistverkaufte Besteck der Wiener Werkstätte hat Hoffmann 1906 entworfen. Besonders seine auf Alpakabasis versilberte Version erwies sich als erfolgreich. Es scheint, daß gerade diese anfangs von der Wiener Firma Bachmann & Co. ausgeführt wurde , die in Europa zu den ersten gehörte, die „Alpacca- und China-Silberwaren" herstellte.
Im Umriß unterscheidet sich das „runde Modell" zunächst wenig von seinem Vorgänger, dem „flachen Modell". Die Formen von Laffe, Schneide und Schiff folgen bis auf den Ansatz zum Griff genauestens dem älteren Modell. Das hatte natürlich den Vorteil, daß große Teile der benötigten Formen bereits vorhanden waren. Nur für den im Querschnitt mandelförmigen und nicht, wie

man vielleicht erwartet hätte, runden Stiel mußten kostspielige neue Prägeformen angefertigt werden. Die Strenge dieses Modells, das selbst auf die sparsame Ornamentik der vier kleinen silbernen Kugeln am Griffende zugunsten einer geschlossenen Silhouette verzichtet, wird selbst durch die jeweiligen Besitzermonogramme, die allesamt in Hoffmannschen „Quadraterln" eingesperrt sind, kaum gebrochen. Auf Wunsch wurde das Besteck auch mit einem Lapíscabochon am Griffende geliefert.
1925 bis 1930 produzierte die Werkstätte ein weiteres von Hoffmann aus den geometrischen Grundformen Kreis, Quadrat und Dreieck entwickeltes Besteck, das „S be 5". Es glich im wesentlichen dem „runden Modell". Hoffmann entwickelt an ihm aber einige Details, die auch später wieder auftauchen. So sitzt das beinahe dreieckige Schiff der Salatgabel im rechten Winkel zum Griff, während er für die Speisegabel einen sanften Übergang wählte.

■ DER GEDECKTE TISCH, 1906

Als 1906 diese Bestecke auf mehreren Tafeln der von der Wiener Werkstätte veranstalteten Ausstellung „Der gedeckte Tisch" verwendet wurden, war die Gesellschaft schockiert. Der Bruch mit den Traditionen war einfach zu groß.
Einhellig zerriß die Presse die Dekorationsvorschläge, für die Moser selbst den Lebensmitteln neue Formen verpaßt hatte. Stimmen wie die im „Hamburger Fremdenblatt" vom 17.10.1906 gehörten noch zu

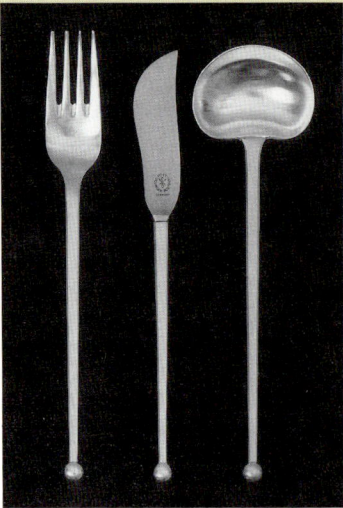

den gemäßigten: "...Aber da ist auch das Besteck. Und das Besteck, dessen geringster Fehler es sein mag, daß es gar nicht so aussieht, als ob es eins wäre – ist unheimlich. Wahrhaftig, es erinnert an anatomische Werkzeuge und würde sicherlich manchem durch die Erinnerung an den Seziersaal den Appetit verderben. Man hätte mit der bisherigen Form brechen können, ohne etwas dem Auge, der Hand und wohl auch dem Munde Ungefälliges schaffen zu müssen. Neu, aber äußerst ansprechend, sind die Monogramme auf den Bestecken." Und wenn diesem Berichterstatter die neuen Besteckformen zu radikal sind, so kommt er doch letztendlich zu dem postiven Schluß, daß "... die Wiener Werkstätte an einem neuen Anschauungskomplex zu schaffen scheint..." und „...Originalität mit einem feinen, stillen Geschmack..." vereine.

Kurz und knapp wird die Arbeit Hoffmanns in der 'Deutschen Zeitung' abgetan: „Was er macht, ist Geometrie, nicht Kunst." Der Autor ist fest davon überzeugt, daß diesen seiner Meinung nach nur den Nützlichkeitssinn ansprechenden Geräten keinesfalls die Zukunft gehört, weil sie „so wenig

gefallen wollen". Dem widerspricht Ludwig Hevesi in einem Bericht über die Ausstellung vom 12.10.1906: Sehr wohl könne man mit dem Besteck essen, auch korrekt „englisch", wie es die essende Welt bezweifelte. Er selbst hatte dieses Besteck bereits bei Herrn Waerndorf, dem zugegeben einzigen, der bisher dieses Besteck erwarb, ausprobieren dürfen. Und in der Tat, er hatte es sehr praktikabel gefunden. „Mit Hoffmannschem Eßzeug kann man vor allem auch essen."

Da aber die wenigsten tatsächlich Gelegenheit erhielten, das Besteck auszuprobieren, bildeten sich die Meinungen in erster Linie am revolutionären Äußeren. Und der boshafte Artikel aus dem „Neuen Wiener Tagblatt" trifft wohl eher die allgemeine Stimmung des Publikums: „Neben einem Couvert liegt ein Papiermesser, ein Staberl mit einem Kamperl daran, was vermutlich eine Gabel vorstellen soll, und dann – was ich für besonders praktisch halte – ein Ohrlöffelchen. Aber keines von den gewöhnlichen, mit denen man sich sonst in größerer Gesellschaft die Ohrmuschel und die inneren Gehörgänge zu reinigen pflegt, sondern eines mit einem besonders langen Stil, der umgekehrt auch zum Durchstechen des Trommelfells geeignet erscheint. Auf anderen Tischen und in den Schauschränken sind wieder andere chirurgische Bestecke aufgelegt: Lanzetten, Pinzetten, Knochensägen, Hautklammern, kurz alles, was man so braucht. Auch eine Geburtszange für alle Fälle. Eingeweihte versichern zwar, daß es bloß ein Spargelheber ist, aber die Eingeweihten sind nicht immer maßgebend."

■ JOSEF HOFFMANN BEI CARL POTT

1955 bringt die Firma Pott in Solingen noch einmal zwei Besteckmodelle des hochbetagten Josef Hoffmann auf den Markt. Der nicht genau datierte Entwurf für eines von ihnen, das 1978 in die Sammlung des Museum of Modern Art in New York aufgenommene Modell 86, stammt sicherlich noch aus der Zeit der Wiener Werkstätte. Im Programm des sonst ganz dem Funktionalismus verpflichteten Hause Pott nimmt sich dieses Besteck mit seiner flammenförmigen Messerschneide und den vorne blattförmig zugespitzten Laffen fremd aus. Es wird noch heute überwiegend für Liebhaber gefertigt und existiert auch in einer Version, bei der die kleinen den Stiel abschließenden Silberkugeln ganz in der Tradition der Wiener Werkstätte durch ebensolche aus Halbedelsteinen ersetzt werden. Sicherlich darf man die Aufnahme dieser wirtschaftlich wenig rentablen Modelle als

Hommage Carl Potts an Josef Hoffmann, den großen Wegbereiter der Moderne, verstehen.

■ EIN BESTECK AUS DEM UMFELD DER WIENER WERKSTÄTTE

Die in den ersten Jahren der Wiener Werkstätte ausgeführten Metallarbeiten waren trotz ihrer letztendlich geringen Stückzahl, die noch dazu nur an einen kleinen Kreis künstlerisch interessierter Mitglieder des Großbürgertums verkauft wurden, von unmittelbarem Einfluß auch auf die Produktion der nicht direkt mit ihr liierten Kunsthandwerker. Das von Carl Vinzenz Dub und anderen Wiener Silberschmieden im ersten Jahrzehnt dieses Jahrhunderts geschaffene Besteck verrät die Auseinandersetzung mit den Ideen der Werkstätte, die über das bloße Adaptieren der Ornamentik hinausgeht.

DARMSTADT

EINE KÜNSTLERKOLONIE

Löffel und Gabel aus dem Besteck von J. M. Olbrich für die Ausstellung der Darmstädter Künstlerkolonie 1901. Ausgeführt von der Silberwarenfirma Christofle & Cie.

Nur noch wenige Monate vielleicht, und in München, Karlsruhe, Dresden oder Berlin wird eine solche Anstalt in dieser oder jener Form ins Leben treten, und dann ist es für Darmstadt zu spät!" mahnt der Verleger Alexander Koch seinen Landesherren, Großherzog Ernst Ludwig von Hessen und bei Rhein, zur eiligen Gründung einer Institution, die nicht nur kunstgewerbliche Reformen, sondern auch die Volkswirtschaft, „zunächst der Stadt selbst und dann in den für die Thätigkeit der hier zusammentreffenden Künstler, als ausführendes „Hinterland" in Betracht kommenden Landesteilen, besonders den Odenwald und dem Vogelsberg" vorantriebe. Unter dem Motto „Mein Hessenland blühe und in ihm die Kunst" berief der Großherzog in den Sommermonaten 1899 sieben Künstler nach Darmstadt, die sich vertraglich verpflichteten, für den Zeitraum von drei Jahren dort zu verbleiben. Hans Christiansen, Rudolf Bosselt, Paul Bürck, Patriz Huber, Joseph Maria Olbrich, Peter Behrens und Ludwig Habich wurde jeweils ein existenzgarantierendes Mindestgehalt ausgesetzt, daß sich um die Honorare für konkrete Aufträge erhöhte.

Noch im selben Jahr entwickelten die sieben ein Ausstellungskonzept neuer Art. In Anlehnung an Samuel Bings „La Maison Moderne" sollte auf der Mathildenhöhe in Darmstadt eine Siedlung einfacher bis reich ausgestatteter Familienhäuser entstehen. Alles sollte bis ins letzte Detail von demselben Geist beherrscht sein, „die Straßen und die Gärten und die Paläste und die Hütten und die Tische und die Sessel und die Leuchter und die Löffel Ausdrücke derselben Empfindung ..."(Olbrich in: „Deutsche Kunst und Dekoration", 1900).

Das Besteck von J. M. Olbrich im Musterkatalog der deutschen Filiale von Christofle & Cie in Karlsruhe.

38

12teiliges Fischbesteck mit passenden Messerbänckchen. 1901 von J. M. Olbrich entworfen. Messerbänckchen ausgeführt von larfeld & Springmeyer, Besteck on Buse & Söhne in Zwickau. Alle Teile Silber.

"Ein Dokument Deutscher Kunst", so der programmatische Titel der Ausstellung, eröffnete termingerecht am 15. Mai 1901. In den unterschiedlichen, jeweils von einem Künstler eingerichteten und erbauten Häu-

sem sollte eine neue Wohnkultur vermittelt werden. Zielgruppe waren die finanzkräftigen Bewohner der neuen Villenvororte. In der Tat konstatierte die heimische Industrie dank dieser und folgender Ausstellungen eine erkennbare Zunahme der Aufträge, und 1905 zieht das Darmstädter Tagblatt die postive Bilanz, daß besonders bei der Goldwarenbranche im Mainzer Raum "die Nachfrage eine weit größere geworden" ist. Zu diesem Zeitpunkt hatten die meisten der ursprünglichen Mitglieder die Kolonie bereits verlassen. Paul Bürck, Patriz Huber und Hans Christiansen traten nach Ablauf ihres Vertrages 1902 aus, ein Jahr später folgten Behrens und Bosselt ihrer Berufung an die Kunstgewerbeschule in Düsseldorf.

Speise- und Menübesteck des Modells 3001 1/2, das ab 1902 von Bruckmann & Söhne in Heilbronn nach dem Entwurf von Hans Christiansen gefertigt wurde.

■ JOSEPH MARIA OLBRICH

Am umstrittensten war der Beitrag des von der Wiener Sezession kommenden Olbrich. Die reiche vegetabile Ornamentik seiner Häuser wurde als "Brezelstil" verhöhnt. Man sprach von gebautem Buchschmuck. Sein Tafelbesteck, das nicht nur in seinem Haus, sondern auch im Ausstellungsrestaurant Verwendung fand, wurde von der französischen Firma Christofle & Cie. hergestellt, die in Karlsruhe ein Zweigwerk besaß. Der Dekor der einzelnen Teile ist ungewöhnlich uneinheitlich. So wurde der gut in der Hand liegende Pistolengriff des Messers mit einem geschwungenen Liniendekor graviert, während Gabel und Löffel bereits im gestanzten und gepreßten

Butter- und Käsemesser sowie eine Vorlegegabel aus dem Christiansen-Besteck. Das herzförmige Ornament auf dem Schiff ist hier durchbrochen.

Herstellermarke der erloschenen Silberwaren- und Besteckfabrik Bruckmann & Söhne aus Heilbronn.

Rohling am leicht ausschwingenden Stielende mit vertieften länglichen Ovalen versehen sind. Auffallendste Neuerung ist die rhombenförmige Laffe, die auf der Vorderseite mit einer überdimensionierten Zunge in den Griff übergeht.

Anhand eines erhaltenen Briefwechsels läßt sich rekonstruieren, daß das französische Mutterhaus diesen Entwurf als wenig gelungen empfand und sich weigerte, dieses Besteck auch auf dem französischen Markt anzubieten. Weil darüber hinaus die Ausführung technische Probleme machte, sah sich Andre Bouilhet genötigt, selbst nach Darmstadt zu reisen. In seinem Gepäck führte er von Hand ausgeführte Besteckmodelle mit, die „geschmiedet, graviert, ziseliert, versilbert'' waren, und „zwar auf solche Weise, daß es Herr Olbrich leichter versteht''. Tatsächlich konnte man den Künstler aber nur zu wenigen Modifikationen bewegen. Das Besteck wurde in Folge nur halb-maschinell gefertigt und mußte per Hand vollendet werden. Die Produktionskosten erhöhten sich dadurch auf das Doppelte.

1925 präsentierte Christofle ein neues Besteckmodell, „Louvre'', das sich deutlich an Olbrichs Entwurf von 1901 anlehnt. Eigentümlicherweise ist es gerade die ursprünglich als extrem häßlich empfundene Löffellaffe, die beibehalten wurde. Der neue Geschmack im Zeitalter des Art deco trug also dazu bei, daß sich die Matrizen, die man für das Olbrich-Besteck extra hatte anfertigen müssen, letztendlich doch noch amortisierten.

1901 entwirft Olbrich ein weiteres Besteck, das sowohl von Clarfeld & Springmeyer in Hemer/Westfalen als auch von Schröder in Düsseldorf, Ludwig Ziech in Hamburg und Buse & Söhne in Zwickau vertrieben wurde. Das stilisierte Monogramm des Künstlers ist bei diesem Entwurf nicht nur an den Gesamtentwurf angepaßt worden, wie wir es schon von den Besitzermonogrammen von Henry van de Velde, Josef Hoffmann und C.R. Mackintosh kennen, sondern wurde zum zentralen Motiv des filigranen Linienornaments.

Tortenheber aus 3001 1/2. Die Schaufelform des Tortenhebers gehörte zu den Standardvorderteilen von Bruckmann & Söhne und taucht auch bei anderen Bestecken auf.

■ HANS CHRISTIANSEN

Hans Christiansen arbeitete für seinen Beitrag zur Tischkultur zunächst mit der ortsansässigen Silberwarenfabrik Vietor zusammen. Von dort stammen wahrscheinlich auch die nur auf Fotografien nachweisbaren handgeschmiedeten Prototypen für den Tisch des Speisezimmers der von Olbrich entworfenen „Villa in Rosen''. Das dort ab-

Künstlermono-
gramm Hans
Christiansens.

Besteck 4800
von Peter
Behrens.

gebildete Gedeck scheint über das Modellstadium niemals hinausgekommen zu sein.

Noch im selben Jahr entwarf Christiansen für die Silberwarenfabrik Bruckmann & Söhne in Heilbronn das Silberbesteck Nr. 3001, das seinem Vorgänger jedoch viel zu verdanken hat. Das vielteilige Besteck mit den langen schmalen Griffen, die in einer Tropfenform enden, wurde in einer zweiten reicheren Variante im Firmenkatalog der Firma Bruckmann unter Nr. 3001 1/2 mit Hinweis auf den Entwerfer noch bis in die 30er Jahre angeboten. Beide sind mit einem symmetrischen Liniendekor versehen, das am Stielende ein Auge für das Besitzermonogramm freiläßt. In der reicheren Version sind Vorlegeteile und Fischbesteck teilvergoldet. Das Messer hat die gekrümmte „Darmstädter" Klinge, und die Schiffe der Gabeln besitzen ein herzförmiges Liniendekor, das mit dem der Griffe korrespondiert. Die Messer sind mit einem Griff in Pistolenform ausgestattet, wie er bereits bei den Prototypen vorweggenommen war. Für eine vermutlich etwas kostengünstigere Version verzichtete man auf die Verzierung der Schiffe und versah die Messer mit handelsüblichen geraden Klingen. Der kunstsinnige Peter Bruckmann gestattete Christiansen darüber hinaus, die Vorlegeteile zur Gänze neuzugestalten. Gleich-

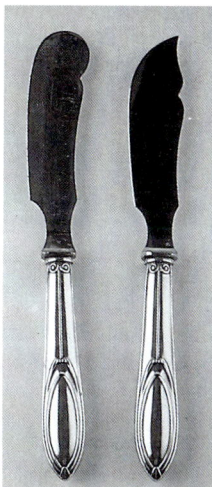

Butter- und Käsemesser eines 1904
von Peter Behrens entworfenen Be-
stecks. Hergestellt von F. Bahner (Nr.
8400). Silber, teilweise vergoldet.

zeitig bot er seinen Kunden aber auch Gelegenheit, diese mit Vorderteilen seiner Wahl aus dem Angebot der Firma Bruckmann & Söhne gefertigt zu bekommen. Es tauchen daher immer wieder unterschiedlich zusammengesetzte Bestecke im Handel auf.

■ PETER BEHRENS

Für das Speisezimmer des von Peter Behrens bis ins Detail geplanten Hauses entwarf der Künstler ein kantiges Besteck mit ausgeprägten Schlingbandverzierungen, das den Vorstellungen seiner Anhänger von einer genuin „deutschen" Formensprache entsprach. Selbst Kritiker, die von Behrens meinten, daß er seinen Kult um die Linie etwas zu weit führte, fanden: „Bei dem Dekor für künstlerische Besteckformen ist nun allerdings ein rein geometrisches Ornament angebracht; zur Verwertung von Tier- und Pflanzenformen ist hier kaum Gelegenheit gegeben. ... Am besten gelungen ist das Messer-Dekor; es ist im echten behrenschen Geiste gehalten und dabei dem Gebrauchszweck nicht zuwiderlaufend. Auch das Dekor des Löffels und der dazugehörigen Gabel erscheint passend" (DGZ 1902). Lediglich die Spitze, in der das Muster zur Laffe hin ausläuft, erscheint dem Kritiker dann doch als wenig gelungen. Hersteller war die Silberwarenfabrik Rückert in

Mainz, die dieses Besteck unter der Modellnummer 4800 noch lange Jahre vertrieb. Die kleinliche Diskussion um Details am Dekor wirft ein Licht auf die grundsätzliche Andersartigkeit der deutschen Kunstgewerbebewegung des beginnenden Jahrhunderts. Wie revolutionär wirken im Vergleich zu ihren im Grunde konventionellen Entwürfen die nur wenig später entstandenen Bestecke eines Josef Hoffmann, die das Wiener Publikum in einen Schockzustand versetzten. Was in Darmstadt und in den Vereinigten Werkstätten versucht wird, ist letztendlich in dem bereits im Jahr der Ausstellung „Dokumente deutscher Kunst'' von Muthesius geforderten „Maschinenstil'' zu finden. Die daraus folgende formale Anpassung an die in der Industrie vorhandenen Maschinen reduziert konsequenterweise die Suche nach einer zeitgemäßen Gestaltung auf die Einschränkung übermäßigen Ornaments, ohne grundsätzlich andere Lösungen zuzulassen. Andererseits muß gesehen werden, daß durch die Abkehr von der reinen Handwerkskunst den neuen Produkten ein erheblich größerer Markt erschlossen wurde. Von einer wirklichen Massenproduktion war man allerdings noch weit entfernt. Wohl noch während Behrens Darmstädter Zeit entstand ein weiterer Besteckentwurf der mit seinen ge-

streckten Perlstabornamenten zwischen Voluten ganz und gar im Zeichen eines konservativen Klassizismus stand.

Nach seiner Berufung an die Düsseldorfer Kunstgewerbeschule begann für Behrens eine fruchtbare Zusammenarbeit mit der ebenfalls dort ansässigen Firma Franz Bahner, für die er vier verschiedene Besteckmodelle anfertigte. Sänger vermutet aufgrund der fortlaufend geführten Katalognummern der Musterkataloge von Bahner, daß das Modell Nr. 6200 zuerst in Serie ging. Der überaus konventionelle Entwurf ist sicher nicht gerade zu den Glanzleistungen von Behrens zu zählen.

Interessanter sind da schon die beiden folgenden Modelle, denen zumindest eine elegante Modernität nicht abzusprechen ist . Das Modell Nr. 8200 wurde auch in einer identischen Ausführung von Georg Jensen angeboten. Eigentlich müßte noch eine Variante dieses Bestecks existieren, bei der die Stiele der Löffel und Gabeln allein aus dem ausgeschnittenen ellipsoiden Bandornament bestehen, das die Griffe von Nr. 8200 schmückt. Bisher sind hiervon aber noch keine Teile nachzuweisen.

Tafelbesteck von Peter Behrens. Ab 1903 hergestellt bei Bahner. Zeitgenössische Abbildung

Teile aus dem Besteck Nr. 8200. Peter Behrens entwarf es 1904 für die Silberwarenfabrik Bahner.

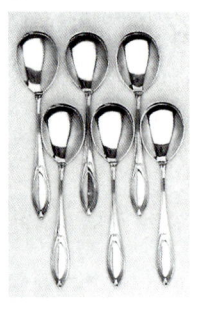

Sechs Eislöffel aus dem Besteck Nr. 8400 von Peter Behrens.

VEREINIGTE WERKSTÄTTEN

FÜR KUNST IM HANDWERK AG UND DER DEUTSCHE WERKBUND

Besteck von R. Riemerschmid für die Münchner Silberschmiede C. Weishaupt, 1911/12.

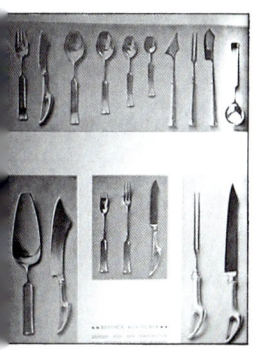

Diverse Teile aus dem Besteck von Richard Riemerschmid für die Vereinigten Werkstätten in München (1898/99). Dekorative Kunst 1900.

Während die Darmstädter noch ihre ambitionierte Ausstellung vorbereiteten, traten die bereits im April 1898 gegründeten Vereinigten Werkstätten in München auf der Pariser Weltausstellung 1900 mit einem spektakulären Besteckentwurf an die Öffentlichkeit.

Das von Richard Riemerschmid ganz im Geist des Jugendstils entworfene Besteck durchlief bis zu seiner Verwirklichung mehrere nur anhand von zeitgenössischen Abbildungen nachvollziehbare Gestaltungsstufen. Wie Sänger überzeugend darlegt, scheinen die Fotos aber von Prototypen zu stammen. Das tatsächlich ausgeführte Besteck setzt sich hingegen aus Teilen zusammen, die sich nicht immer auf die bekannten Prototypen

zurückführen lassen. Zweifelhaft ist zusätzlich, ob das neben den Initialen des Künstlers auch mit VW für „Vereinigte Werkstätten" gezeichnete Besteck tatsächlich dort entstand. Zwar war es Prinzip der Münchner Werkstätten, im eigenen Atelier zu fertigen, aber eine Silberschmiede ist im Gegensatz zur ständig expandierenden Tischlerei nicht nachzuweisen. In Frage käme für die Ausführung des Entwurfs die am

Zwei Messer aus dem Besteck von Riemerschmid. Auf der Klinge deutlich mit dem Künstlermonogramm und dem der Vereinigten Werkstätten gezeichnet.

43

Hans Knorr. Das handgeschmiedete Silberbesteck lehnt sich in der Griffgestaltung deutlich an Riemerschmids Entwurf an. Um 1900.

Münchner Marienplatz gelegene Werkstatt von Carl Weishaupt. Dort entstand neben anderen Bestecken des Künstlers auch das abgebildete. Unter Umständen stammte dieses Besteck aber bereits von Bruckmann & Söhne in Heilbronn, für die Riemerschmid später Entwürfe lieferte. Peter Bruckmann, der damalige Chef der bereits seit 1805 bestehenden Silberwarenfabrik, setzte sich sehr für die Ziele des neuen Kunstgewerbes ein. Er gehört 1907 zwar nicht zu den Gründungsmitgliedern des Werkbundes, schloß sich ihm aber bald an und wurde für einige Jahre Vorsitzender des Vereins. Erklärtes Ziel des Werkbundes, keine Künstlervereinigung, ist es gewesen, engagierte Vertreter von Industrie und Handel mit Künstlern zusammenzubringen und so gemeinsam gutes Gerät für jeder-

mann zu schaffen. Es beteiligten sich zunächst von Seiten der Künstler alle, die Rang und Namen hatten. Doch schon auf der Werkbundausstellung 1914 in Köln prallten die unterschiedlichen Meinungen aufeinander. Geführt von Henry van de Velde einerseits und Hermann Muthesius andererseits, verengte sich die Diskussion auf die Frage: Typenmöbel oder nicht? Dahinter steht die grundsätzliche Problematik, ob sich Architektur und Gebrauchsgegenstände nach den individuellen Bedürfnissen des einzelnen richten sollten, oder ob mittels standartisierter Großserien der Lebensstandard aller gehoben werden sollte.

■ BESTECKE AUS DEM UMFELD DER VEREINIGTEN WERKSTÄTTEN

Die Vereinigten Werkstätten selbst waren nach dem Versuch mit Riemerschmids Tafelbesteck, dessen Alleinvertriebsrecht sie besaßen, sehr schnell dazu übergegangen, zur Ergänzung ihrer Einrichtungen Bestecke namhafter Hersteller anzubieten. Vor allem die Entwürfe der Silberwarenfabrik Bruckmann, unter anderem das Christiansen-Besteck, waren im Sortiment vertreten.

Der Einfluß der von Riemerschmid auch nach funktionalen Gesichtspunkten konzipierten Besteckteile führte vor allem im unmittelbaren Umfeld der Werkstätten zu einer Rezeption durch ansässige Silberschmiede. So entlehnt der Nürnberger Hans Knorr für seinen Entwurf von 1900 ganz unmittelbar den von Riemer-

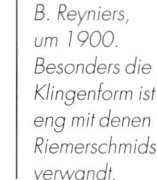

B. Reyniers, um 1900. Besonders die Klingenform ist eng mit denen Riemerschmids verwandt.

schmid entwickelten Messergriff, lehnt jedoch für die Gabel
die kurzzinkige Lösung Riemerschmids ab. Etwa zur gleichen Zeit
nimmt sich auch der junge Silberschmied Reynier das Modell der
Vereinigten Werkstätten für sein
Fischbesteck zum Vorbild.
Bezeichnenderweise handelt es
sich bei beiden um reine Hand-
werksarbeiten. Für eine serien-
mäßige Herstellung wären die innovativen Entwürfe nicht in Frage
gekommen. Selbst wenn sich das
Problem, für so komplizierte Modelle Matrizen herzustellen, hätte lösen lassen, wären die Grundinvestitionen so groß
gewesen, daß die Produktion auf keinen Fall
rentabel gewesen wäre.

Ausnahmen gehört
das von Friedrich
Adler um 1906 für
Berndorf entworfene
Muster Nr. 7400. Un-
gewöhnlich ist hier
vor allem die kantig
umbrochene Laffe
der Löffel, die mit der
Form der Stiele kor-
respondiert. Auch
Robert Bachmaiers
Entwurf für die
Firma Gebr. Reiner
in Krumbach zählt zu
einer Reihe von Bestecken, die als „hochin-
teressantes Künstlergerät" angeboten wurden. Neben Bachmaier waren noch Mayr-
hofer und Riegel für die bayerische Silberwarenfabrik tätig.

■ WERKSENTWÜRFE AUS DEM UMFELD DES WERKBUNDS

Aufgrund der üblichen Atelierpraxis sind in
den seltensten Fällen über die schon damals
als „Künstlerbestecke" vertriebenen Modelle hinaus bestimmte Serienmuster eindeu-
tig einem Entwerfer zuzuordnen. Zu diesen

Sogenanntes
„Myrthen-
besteck".
Um 1910
von Ernst Riegel
für die
Silberwaren-
fabrik
Gebr. Reiner
entworfen.

Besteckform
7400, von
Friedrich Adler
um 1906 für
Berndorfer
Metallwaren-
fabrik Arthur
Krupp ent-
worfen

Wenn auch den Ideen der verschiedenen Reformbewegungen wenig Erfolg beschieden war, so adoptierte die Besteckindustrie schnell die von Behrens, Hoffmann, Olbrich und anderen entwickelte Formensprache. Wurden schon bei den Originalentwürfen der Künstler formale Rücksichten auf die Produktionsbedingungen genommen, war es der Industrie bei ihren eigenen Werksentwürfen natürlich daran gelegen, die Produktionskosten so niedrig wie möglich zu halten.

Das bedeutete konkret, daß sich Änderungen der Laffen- und Schiffchenform und erst recht der Messerschneide von selbst verboten. Ganz besonders die vielen kleinen Firmen in Deutschland waren darauf angewiesen, auf die von den marktbeherrschenden Zwillingswerken in Solingen angebotenen Standardklingen aus gehärtetem Edelstahl zurückzugreifen. Hinzu kam, daß der Konsument zwar nach modernen Mustern verlangte, aber mit den radikal individuellen Eßwerkzeugen eines Josef Hoffmann oder gar Charles Rennie Mackintosh vollkommen überfordert gewesen wäre. Es entstehen in Folge unzählige anonyme Bestecke, die oft sehr attraktiv und mit ihrer vage an die Formensprache der

Messer und Gabel eines Bestecks der Solinger Firma Konejung. Um 1910.

Vorlegeteile eines Bestecks von Wellner/Aue. Um 1914.

führenden Künstlerbewegungen anknüpfenden Ornamentik typisch für den Geschmack der Zeit sind.

Häufig verwendetes Motiv sind stilisierte Blumen, die entweder in abstrakte Linienornamente eingebettet werden oder in Mischform mit Stilmustern zu einer Art modernisiertem Traditionsmuster werden. Die Variationsbreite bei der Ausführung reicht von ganz schlichten Modellen, deren Schmuck sich auf ein am Griffende überschneidendes Bandornament beschränkt, über etwas komplexere Muster wie das der abgebildeten Vorlegeteile aus einem Besteck der Sächsischen Metallwarenfabrik Wellner. Vergleichbar damit ist auch der Entwurf der Solinger Stahlwarenfabrik Konejung. Der Preis für das vierteilige Vorlege-

Löffel und Gabel eines Bestecks der Metallwarenfabrik „Alecto" aus Freiberg i. Sa. Um 1910.

46

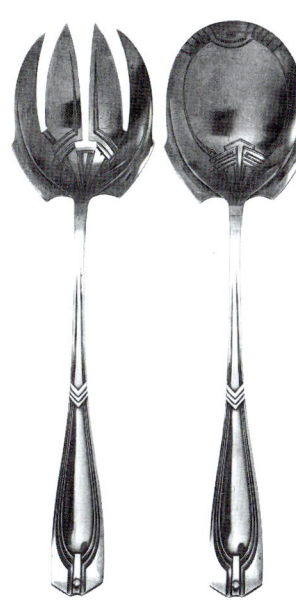

Salatbesteck der Bremer Silberwaren-fabrik. Nach 1900.

besteck der Hamburger Vereinigten Silberbesteckefabrik lag sicherlich höher als der für die vorhergehenden Beispiele. Aufgrund der im Etui erhaltenen Angabe „Argent premier Titre", was einem Silbergehalt von 900/1000 entspricht, kann angenommen werden, daß es für den französischen Markt bestimmt war. Die gekonnte Oberflächengestaltung bezieht die vergoldeten Schiffe der Gabeln genauso mit ein wie die Messerklingen. Das im Ätzverfahren aufgetragene Ornament nimmt die Form der Klingen wieder auf. Innerhalb dieser Flächen gestaltete der Graveur ein abstraktes Flächenmuster aus Linien und dunkel geätzten Feldern, das etwas an die Glasfenster von Mackintosh erinnert.

Dreiteiliges Eßbesteck der Berliner Silberwarenfabrik Meyen & Co. Nach 1900.

Ganz ähnlich so wurde das Salatbesteck der Bremer Silberwarenfabrik gestaltet. Auf die direkt vor dem Ansatz des Stiels merkwürdig flügelartig auskragenden Laffen wurde ein Ornament mit kristallinen und strahlenartigen Formen graviert, das unmittelbar der expressionistischen Formensprache verpflichtet ist.

Andere Musterzeichner wieder schienen sich eher von den als originär deutsch empfundenen Entwürfen von Peter Behrens inspirieren zu lassen.

Vierteiliges Vorlegebesteck mit vergoldeten und geätzten Klingen. Hamburg, nach 1900.

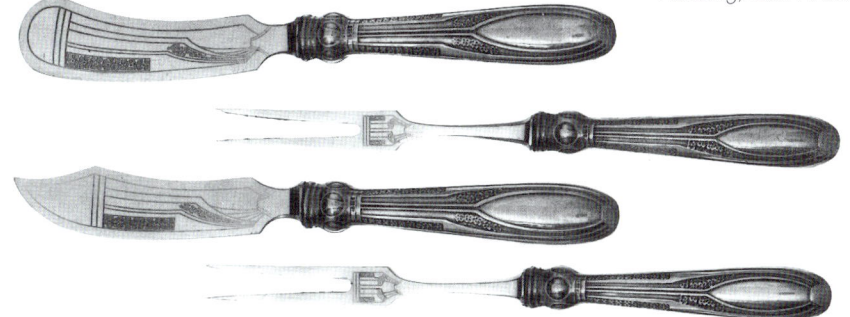

HENRY VAN DE VELDE

UND DER JUGENDSTIL IN DEUTSCHLAND

Henry van de Velde hat in späteren Jahren oft beklagt, daß sein Name in erster Linie mit dem Jugendstil in Verbindung gebracht wurde, obwohl er bereits kurz nach seiner Übersiedlung nach Weimar eine gänzlich andere Richtung einschlagen hatte. In der Tat gelang es dem 1863 in Antwerpen geborenen Künstler, den Art nouveau in ein abstrakteres Linienspiel zu übersetzen, das dem „nordischen Geist" viel näher lag als die floralen Ornamente und schaumbekrönten Nymphen des Jugendstils französischer Prägung. So zumindest sahen es seine Zeitgenossen, für die er nach seiner Beteiligung an der Dresdener Kunstgewerbeausstellung im Mittelpunkt des Interesses stand. Die Aufträge aus Deutschland liefen daraufhin in solcher Zahl ein, daß er 1900 nach Berlin zog, weil beklagenswerterweise „gut drei Viertel der Aufträge mit Zoll-, Verpackungs- und Transportkosten verbunden waren, die bei der Ausführung in Deutschland selbst zum großen Teil weggefallen wären."

1906 schließlich erfolgt im Auftrag des Großherzogs von Sachsen-Weimar die Gründung der Kunstgewerbeschule Weimar, aus der später das Bauhaus hervorgehen sollte. Neben der Ausbildung von Kunsthandwerkern war es Aufgabe der Schule, Entwürfe für die Kunsthandwerks-

industrie des Landes zu liefern. Besonders die Spielzeugherstellung und einige Keramikwerkstätten profitierten davon. Es ist zu vermuten, daß auch Entwürfe an die im Land vorhandene Silberindustrie gingen.

Im Jahr der Schulgründung hält van de Velde vor dem Verband der Thüringer Kunstgewerbevereine einen Vortrag zum Thema „Der Neue Stil", in dem er seinem Publikum die Grundsätze erläutert, nach denen „vernünftige" Gebrauchsgegenstände entworfen werden sollten. Präzise formulierte er seine ästhetischen und produktionstechnischen Forderungen: „Der Goldschmied ist schuldig, der unentwegt fortfährt, Löffel und Gabel zu prägen, die, obgleich man sie heutzutage aus einem

Henry van de Velde, Tafelbesteck für Theodor Körner von 1902/03. Karl-Ernst-Osthaus Museum Hagen.

Das von van de Velde entwickelte Monogramm für Theodor Körner.

Stück herstellt, doch klar und deutlich den Stempel der Art und Weise tragen, wie man sie früher herstellte, das heißt aus zwei Teilen; einst setzte man den Stiel und die Laffe des Löffels zusammen und die Zinken an den Stiel der Gabel. Die Beweggründe, die einst vorhanden waren und die dieses „Zusammensetzen" rechtfertigen, existieren heutzutage nicht mehr, und die Zeiten liegen fern, wo die Laffe des Löffels und die Zinken der Gabel aus einem anderen Material bestanden als die Stiele." Da sich aber ganz offensichtlich in den „Gehirnen der Silberschmiede" traditionelle Formen so festgesetzt hatten, galt es nun „diese Toten aufzuerwecken", die stoisch fort-

Dieses von Koch & Bergfeld gefertigte Besteck eines unbekannten Entwerfers wird gelegentlich auch als Entwurf van de Veldes selbst angesprochen.

fuhren Rattenschwänze dort anzubringen, wo gar keine Übergänge von der Laffe zum Stiel mehr zu verstärken und zu kaschieren waren. Hier müsse sich die Vernunft doch empören. Tatsächlich hatte van de Velde bereits vor diesem Vortrag sein erstes Besteck entwickelt, das, formal noch ganz dem Jugendstil verpflichtet, doch schon konsequent die später formulierte Forderung erfüllt, daß das Ornament sich nicht nur der Gestalt unterordnet, die durch Produktionsbedingungen und Gebrauch bestimmt wird, sondern wenn möglich identisch mit ihr ist.

Sein Tafelbesteck von 1902/03 ist nicht nur ein reizvoll asymmetrisches Spiel mit der Linie, die an die Spuren am Meeresstrand erinnern, die das Spiel der Wellen zurückgelassen hat, sondern Messer, Gabel und Löffel liegen ausgesprochen angenehm in der Hand. So weist zum Beispiel der Löffel unten links eine kleine Ausbuchtung auf, die für ein ruhiges Liegen in der Hand sorgt. Die Griffe einiger Vorlageteile und der Fischgabel sind ihrem Gebrauch entsprechend um 90° gedreht und haben mehr Volumen als die übrigen Besteckgriffe. Sie liegen also nicht flach auf dem Tisch, sondern stehen quasi auf dem Rücken des Griffs. Das Besteck wurde in 800 Silber für Karl Ernst Osthaus ausgeführt, dessen Monogramm sich an den unterschiedlichsten Stellen findet. So etwa auf der Klinge des Fischmessers. Interessant ist die ungewöhnliche Form, die van de Velde für Osthaus' Initialen fand, erinnert das runde Zeichen doch stark an das, welches Henri de Toulouse-Lautrec als Signatur verwendete. Man weiß, daß Toulouse-Lautrec diese Signatur aus der Form japanischer Schwertgriffe entwickelte, die im Zuge der Ende des vorigen Jahrhunderts aufkom-

> » Der Drang und die Neigung mich am Meeresstrand zu ergehen, um zu erhaschen, was das Spiel der Wellen an linearen Arabesken auf dem Strand zurückließ, blieb unstillbar. Der gleiche Trieb hat mich früher in die Dünen geführt, um vergängliche, abstrakte, launenhafte und raffinierte Ornamente zu entdecken, die die Winde in den Sand gezeichnet hatten. «
>
> VAN DE VELDE, GESCHICHTE MEINES LEBENS.

menden Japanmode in Mengen importiert und gesammelt wurden. Die engen Beziehungen Belgiens zu Asien könnten also durchaus auch Einflüsse auf van de Velde bewirkt haben. Die Ausführung des Bestecks erfolgte bei der Bremer Silberschmiede Koch & Bergfeld.

Gleichzeitig entsteht aber bereits ein zeitlos klassisches Besteck, das ab 1906 in zwei Varianten hergestellt wurde. Die schlichten Stiele erweitern sich übergangslos zu einem flachen Tropfen am Ende, der der sogenannten Olivenform des 18. Jahrhunderts nicht unähnlich ist. Das für Osthaus wieder in 800 Silber ausgeführte Besteck trägt vorne am unteren Ende des Griffs das Monogramm des Besitzers; diesmal, dem Stil des Entwurfs entsprechend, mit nüchternen, gut zu entziffernden K und E, die in ein mandelförmig gedrücktes O eingeschrieben wurden.

Als van de Velde bereits die neugegründete Weimarer Kunstgewerbeschule leitete, ließ er diesen Entwurf beim Hofjuwelier Theodor Müller ein weiteres Mal ausführen. Die heute erloschene Silberwaren-Fabrik Franz Bahner aus Düsseldorf stellte dieses Besteck noch länger her, man findet es daher häufig mit anderer Datierung.

1906 führte van de Velde einen weiteren Entwurf aus. Das formgestanzte und versilberte Besteck entstand in Zusammenarbeit mit dem Henckels Zwillingswerk in Solingen und ist rückseitig mit dem Signet van de Veldes versehen. Der einzige Schmuck dieses Modells befindet sich auf der Vorderseite der Griffe, die mit einem Absatz in einer Art gerundetem Spaten abschließen. Ein dreifach gestuftes längliches Dreieck scheint an einer Kette an diesem Absatz zu hängen. Rechts und links des Stiels verjüngen zwei schmale Rillen den Griff optisch. Das geometrische Maserungsmotiv, durch die kleinen Abmessungen des Gegenstandes natürlicherweise stark reduziert, ist nicht singulär im Werk van de Veldes und findet sich in reicherer Form auf zahlreichen graphischen Arbeiten, wie zum Beispiel der Reklame für Tropon, die bereits um 1898 entstand. Der reizvolle Gegensatz der undekorierten, ganz auf die Wirkung der natürlichen Farbe des Materials ausgerichteten Fläche zum klar umrissenen Muster am Griffende einerseits und der strengen, aber doch harmonisch gerundeten Umrißlinie der einzelnen Besteckteile zur Geometrie des Ornaments andererseits kommt hier konzentriert auf kleinstem Raum zur Wirkung.

Nicht umsonst war dieses Modell zumindest zeitweise im Gebrauch des Künstlers selbst. Ob Henry van de Velde für die 1910 in Hagen von Karl Ernst Osthaus ins Leben gerufene Silberschmiede Entwürfe lieferte, ist zweifelhaft.

Mit Ausbruch des Krieges 1914 wurde van de Velde aller Ämter enthoben und war als Belgier polizeilichen Repressalien und persönlichen Beleidigungen ausgesetzt. Hermann Muthesius,

Fischbesteck, 1906 von van de Velde entworfen. Ausführung Weimarer Hofjuwelier Theodor Müller.

Löffel und Gabel aus dem Besteck Henry van de Veldes. Ausgeführt von Clarfeld und Springmeyer.

Herstellermarken der Sächsischen Metallwarenfabrik August Wellner Söhne aus Aue i. Sa.

Form Nr. 5207 „Gramont".

Buttermesser, Besteckstiel, sehr klein

Eierlöffel

Senflöffel

Salzlöffel, lang

Tafellöffel Tafelgabel Tafelmesser Dessertlöffel Dessert- Dessert- Fischessgabel Kaffee- Austern- Eislöffel

Form „Modern Gramont" von Christofle

Wellner in Aue , die seinerzeit zu den größten Herstellern von versilbertem Tafelgerät in Europa gehörte, sind nur zwei von einer ganzen Reihe. Selbst die renommierte französische Firma Christofle griff auf das wellenartig schwingende Linienspiel von de Veldes zurück .

Bei diesem „Modern Gramont" genannten Modell wurden, vermutlich um die Herstellungskosten zu senken, die Griffkonturen der verschiedenen Gabeln und Löffel normiert. Das Ornament ist wesentlich flacher und verrät eine graphischere Auffassung des Entwerfers. Das Neusilberbesteck aus Aue gehört aufgrund seines Materials eigentlich zu den Billigprodukten seiner Art. Dennoch atmet es den Geist funktionsorientierter Planung, die zu einem angenehm in der Hand liegenden Pistolengriff führte, und eines gemäßigten Jugendstils, der das wohlproportionierte Modell in Schwingung zu versetzen scheint. Laffen, Schiff und Schneiden wurden bei keinem der Werksentwürfe mit in den Gestaltungsprozess miteinbezogen.

der von Anfang an seine Arbeit angegriffen hatte, versuchte sogar, nachdem van de Velde 1917 endlich die Ausreisegenehmigung in die Schweiz erhalten hatte, seinen Einfluß dort geltend zu machen und ihm eine angebotene Stelle vorzuenthalten.

■ BESTECKE IN DER ART DES FRÜHEN VAN DE VELDE

Gemessen an der Menge der Plagiate und freien Nachempfindungen, die dafür ein guter Gradmesser sind, ist der erste Besteckentwurf van de Veldes der bei weitem erfolgreichste. Zahlreiche Metallwarenfirmen nahmen verwandte Besteckformen in ihre Kollektion auf, die häufig unter dem Namen „Modern" oder „Jugendstil" vertrieben wurden. Die gezeigten Beispiele von der Ludwig Ziech GmbH, Vereinigten Silberbesteckfabrik aus Hamburg und der Sächsischen Metallwarenfabrik August

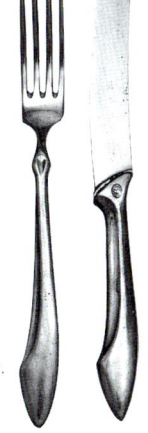

Alpakka- Besteck von Wellner/Aue. Nach 1900.

GEORG JENSEN

UND DIE DÄNISCHE SILBERSCHMIEDEKUNST

In den ersten Jahren des neuen Jahrhunderts wehte auch in Dänemark ein frischer Wind durch die Kunstszene. Eine neue Malergeneration schuf die typisch dänische Variante des Impressionismus, und der junge Bildhauer Kai Nielsen sorgte für ein Ende der alten, noch auf Thorvaldsen zurückgehenden Traditionen. Der Maler Mogens Ballin hatte 1899/1900 eine Metall- und Schmuckwerkstatt nach dem Vorbild der Arts-and-Crafts-Gilden gegründet, deren Arbeiten sehr bald auch außerhalb des Landes Beachtung fanden. Auch in Dänemark standen sich zwei Gruppen gegenüber, die trotz gemeinsamer stilistischer Bestrebungen in der Frage des Maschineneinsatzes im Silberschmiedehandwerk keine Übereinkunft finden konnten.

◼ DIE SILBERSCHMIEDE GEORG JENSENS

Ein Name verbindet sich vor allem mit der eindrucksvollen Blüte des dänischen Silberschmiedehandwerks: Georg Jensen.

*Löffel aus dem Besteck „Magnolia"
von Georg Jensen.*

Mit einem Stipendium der Kopenhagener Akademie reiste Jensen 1900 zur Pariser Weltausstellung, auf der er selbst mit keramischen Arbeiten vertreten war, und von dort weiter nach Florenz und Rom. Nach seiner Rückkehr nach Dänemark begann er, zunächst

in verschiedenen Kopenhagener Silberschmieden zu arbeiten, und wurde schließlich Werkstattleiter bei Mogens Ballin. Diese Reise und der Einfluß Ballins, der mit den führenden Künstlern Europas in Verbindung stand, führten den begabten Jensen nicht nur in die formalen Diskussionen seiner Zeit ein, sondern brachten ihn auch mit den durch die unterschiedlichen Gruppierungen dieser Zeit vertretenen sozialreformerischen Ideen in Berührung. Darüber hinaus gab Ballin ihm die ungewöhnliche Chance, unter seinem eigenen Namen auszustellen.

Seine Arbeiten haben Erfolg, und 1904 macht sich Jensen in einer winzigen Werkstatt an der modischen Bredgade selbständig. In dieser Zeit entstanden überwiegend Schmuckstücke und nur vereinzelt Korpusware. Auf dem Herbstsalon 1904 zeigte er eine kleine Teekanne, die vom Kopenhagener Museum für Kunsthandwerk erworben wurde. Sie war der Prototyp für das berühmte Besteckmuster „Magnolia", das Jensen 1919 entwarf. Die Blüte ist als Hohlkörper getrieben und bildet zugleich einen Teil des Griffs und Dekor. Das Besteck gilt mit seiner gelungenen Synthese vegetabiler Jugendstilornamentik und handwerklicher Vollendung als eines der Hauptwerke Jensens.

Sein erster eigentlicher Besteckentwurf, „Antik", geht auf das Jahr 1906 zurück. Es handelt sich um eine fast schmucklose Gebrauchsform mit minimalem Dekor an den Verjüngungen der Handhaben. Eigentümliche runde Einbuchtungen mit zwei jeweils

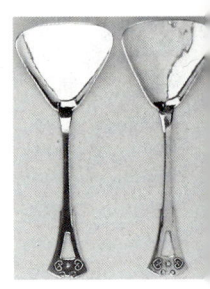

*Zwei Servierspo[...]
ten von Mogen[...]
Ballin Nachfol-
ger. Ausführung
nach 1907.*

*Hersteller-
marke der
Silber-
schmiede
Georg Jensen
aus Kopen-
hagen.*

52

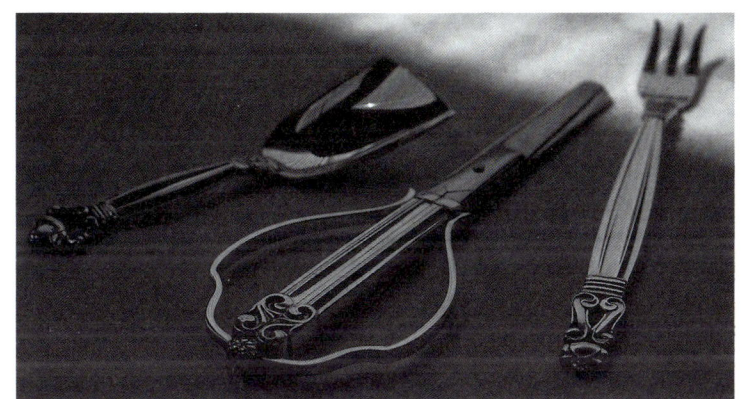

Zuckerschaufel, Traubenschere und Gabel aus dem Besteck „König". Entwurf 1915 von Johan Rohde für Georg Jensen.

ober- und unterhalb quer verlaufenden Linien sind der ganze Schmuck dieses Entwurfs. Charakteristisch ist hier bereits die Behandlung der Oberfläche, die am Stiel wie auch an den Laffen einen dezenten Hammerschlag zeigt. Der matte Glanz dieses Oberflächendekors unterschied sich wohltuend von den bis dahin üblichen Stilimitaten aus dünnstem Silberblech, die den Kunden mit spiegelnden Effekten zu locken suchten. Durch einen Überzug aus

diese Stücke gröber im Einsatz der Effekte, die diese Methode ermöglicht.

Eines der umfangreichsten Bestecke der Welt entsprang 1915 der fruchtbaren Freundschaft Georg Jensens zu dem Bildhauer, Maler, Architekten und Schriftsteller Johan Rohde. In Anlehnung an den Klassizismus entwarf Rohde ein architektonisch aufgefaßtes Besteck, das sich antiker Motive wie der Volute und der stilisierten Eichel bedient. Von Anfang an war diesem Entwurf so großer Erfolg beschieden, das er zeitweise in 226 Einzelteilen zur Verfügung stand. Im gleichen klassischen Geist entwarf Rohde nur zwei Jahre später das Besteck

links: Besteckmuster „Antik", 1906 von Georg Jensen entworfen.

rechts: Besteck „Königin", 1917 von Johan Rohde für Georg Jensen entworfen.

„Saga" von Johan Rohde 1927 für Georg Jensen geschaffen.

Besteck von Hans Hansen, Kopenhagen, 1930-1942.

„Königin". In übrigen Europa war inzwischen ein verheehrender Krieg zu Ende gegangen, und Jensen hatte einen seiner größten Kunden, das Berliner Geschäft des Dänen Carl Dyhr, verloren. Bis zu 90% seiner Produktion waren ins Deutsche Reich exportiert worden, und hätte sich nicht durch einen Zufall der schwedische und wenig später auch der amerikanische Markt für dänisches Silber geöffnet, wäre das Ende seiner Silberschmiede wohl absehbar gewesen. Rohde hatte sich plötzlich einem nordischen Nationalstil zugewandt und entwarf 1927 das Besteck „Saga", dessen robuster Dekor auf die Dekoration von Gebrauchsgegenständen der Wikinger zurückgeht.

Jensen, der auf die 60 zuging, hatte inzwischen weitere Entwerfer angestellt und bewies in ihrer Auswahl ein ungewöhnliches Geschick. Einer von ihnen war der zweite Sohn des schwedischen Königs, Sigvard Bernadotte. Bereits während seines Studiums an der Königlich Schwedischen Kunstakademie fing er an, für Jensen zu arbeiten. Sein 1939 entworfenes Besteck ist in hohem Maße der in Schweden seit Jahrhunderten gepflegten funktionalistischen Tradition verpflichtet. Die schlichten Formen mit den kannelierten Griffen wirken ganz alleine durch die ausgewogenen Proportionen. Harald Nielsen, der jüngere Bruder seiner dritten Frau Johanne, entwickelte ein ausgesprochenes Talent, sich in die Entwürfe von Jensen und Rohde hineinzudenken. Lieferte einer von beiden beispielsweise die Zeichnung für eine Teekanne, schuf

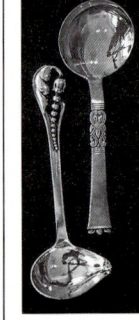

Saucenkelle in „Magnolia"-ähnlichem Dekor und Servierlöffel mit „Saga"-Anspielungen. Silber, Kopenhagen 1930er Jahre.

Modell „Bernadotte", 1939 von Sigvard Bernadotte für Georg Jensen entworfen.

Georg Jensen, „Kugel"- Muster von 1916.

■ EVALD NIELSEN UND ANDERE DÄNISCHE SILBERSCHMIEDE

Jensens Einfluß blieb bis in die 40er Jahre fast ungebrochen. Kleinere dänische Silber-schmieden arbeiteten im Stil des erfolgrei-chen Kollegen, und manche von ihnen gin-gen sogar so weit, seine Entwürfe weitge-hend zu kopieren. Besonders beliebt waren natürlich die erfolgreichen Muster „Magno-lia" und „Acorn".

Nielsen, der namentlich vor allem deshalb be-kannt ist, weil er jah-relang Obmann der Kopenhagener Gold-schmiede-Innung war, entwickelte eine Reihe eigener Besteckmuster, deren volle Plastizität und Oberflächenbe-handlung stilistisch stark an den frühen Arbei-ten Georg Jensens ori-entiert waren .

Fischbesteck aus der Dekorserie „Tang" von Eduard Eggeling für Carl Cohr. Kopenhagen 1905.

Nielsen das passende Sahnekännchen und den Zuckertopf. Sein berühmtester eigener Entwurf ist das Besteck „Pyramide" von 1926. Der strenge, geometrische Dekor gehört zu den schönsten des inzwischen angebrochenen Zeitalters des Art deco.

An den Stil Jensens angelehntes Besteck von Evald Nielsen. Die Mokkalöffel sind mit buntem Emaill dekoriert.

Dänisches Besteck unbekannter Herkunft mit ungewöhn-lichem Schmetterlingsmotiv am Griffende. Kopenhagen 1916-39.

LUXUS UND UTOPIE

Die zunächst durch ihre formale Ähnlichkeit so eng zusammengehörig scheinenden Richtungen Bauhaus und Art deco entpuppen sich bei näherer Betrachtung ziemlich schnell als inhaltlich unvereinbar. Traditionelles Handwerk, wie es auf höchstem Niveau besonders in französischem Art deco gepflegt wurde, steht in direktem Gegensatz zu den Ansätzen des Bauhauses oder des Deutschen Werkbundes, die maschinelle Herstellung von Qualitätsprodukten in guter Form für einen von vielen erschwinglichen Preis anstrebten.

Vielen gilt der Art deco als der letzte wirklich verschwenderische Stil, als adäquater Ausdruck des Lebensgefühls einer Generation, die eben erst das Grauen des ersten Weltkriegs hinter sich gebracht hatte, und die jetzt in den Großstädten Europas und Amerikas wie im Rausch ihren Lebenshunger stillte. Die Bücher F. Scott Fitzgeralds, allen voran „Der Große Gatsby" von 1925, zeichnen ein scharfes Porträt dieser Ära. Die „Garçonnes" oder amerikanisch „Flapper", jene knabenhaft flachbrüstigen jungen Mädchen mit der charakteristischen Bobfrisur, deren einziger Lebensinhalt das Vergnügen zu sein schien, begegnen uns in den Anzeigen der Vogue genauso wieder wie in den Bildern Tamara de Lempickas, der modischen Salonmalerin des Jazzage. Der Krieg hatte viele arm gemacht und manche reich. Die Kriegsgewinner auf allen Seiten vereinigten sich mit den Alkoholschmugglern Amerikas, die zwischen 1920 und 1933 dafür sorgten, daß Amerika nicht auf dem Trockenen saß. Der alte Adel Rußlands, nach der Revolution in alle Winde verstreut, trank Cocktails mit dem neuen Geldadel, der sein Vermögen mit Eisenbahnen, Öl- und Zeitungsimperien gemacht hatte. War die Kunstgeschichte seit der Wiederentdeckung des Art deco in den späten 60er Jahren davon ausgegangen, daß er als künstlerische Antithese zum Jugendstil in den zwanziger Jahren entstand und mit dem Börsencrash am schwarzen Freitag, dem 24.10.1929, in New York sein rapides Ende fand, so faßt man diesen Begriff heute zeitlich weniger eng. Weder sieht man ihn weiterhin als Gegenteil des Jugenstils, sondern erkennt, daß er in vielen Aspekten, wie der sorgfältigen handwerklichen Verarbeitung und der Beschäftigung mit dem Ornament sogar an ihn anschloß, noch verschwand der opulente Stil 1930.

Art deco kam in den späten 60er Jahren als Bezeichnung für den Stil jener Generation von Künstlern auf, die 1925 in Paris an der Messe „Exposition Internationale des Arts Décoratifs et Industriels Modernes" teilgenommen hatten. Ursprünglich von einigen Mitgliedern der Société des Artistes Décorateurs für 1915 geplant, mußte die Ausstellung nach Ausbruch des Krieges zunächst auf 1916, dann 1922, 1924 und schließlich auf 1925 verschoben werden. Um sich von den monströsen Weltausstellungen zu unterscheiden, beschränkte man die Anzahl der Objekte, die ausgestellt werden durften, und gab rigorose Richtlinien aus, die von allen Exponaten verlangten, daß sie in der Tradition der Moderne stehen. Henri Clouzot vom Musée Galliera, von der Messeleitung um einen einleitenden Aufsatz gebeten, beschreibt diesen Stil wie folgt: „ Er sucht die Schönheit in der Einfachheit und den Luxus in der Qualität des Materials." Außer Deutschland nahmen fast alle europäischen Nationen teil. Die USA fehlten ebenfalls, da der spätere Präsident Hoover meinte, das einzige, was in Amerika modern wäre, seien die Wolkenkratzer, und die könne man nicht zeigen. Den Teilnahmebedingungen könne man mithin also nicht gerecht werden.

DIE SILBERSCHMIEDE

DES FRANZÖSISCHEN ART DECO

*Hersteller-
marken der
französischen
Silber-
schmieden
Cardeilhac,
Eschwege,
Fouquet-Lapar
und Henin.*

Unter der Bezeichnung Art deco faßt man im Grunde eine ganze Palette verschiedlichster Formen zusammen, die im rasanten Wechsel der jeweils herrschenden Mode entsprechen mußten.

Kunststile wie der Kubismus eines Braque und Picasso wurden mit leichter Hand zu Stoffmustern verarbeitet, die man als „picassine" verkaufte. Der russische Konstruktivismus wurde genauso schnell aufgenommen wie man sich durch den italienschen Futurismus beeinflussen ließ. Verkaufsfördernd wurden „kubistische" Moden angeboten, die man als interessanter als die vieldiskutierten Bilder anpries, und als 1922 Howard Carter das Felsengrab Tut-ench-Amuns entdeckt, erlebt die Ägyptenmode eine Renaissance wie zuletzt nach den Napoleonfeldzügen.

In seinen besten Beispielen bleibt der Art deco aber ein mondäner, städtischer Stil und prägte ein Kunsthandwerk, das für ein anspruchsvolles bürgerliches Publikum entworfen wurde.

Die traditionsreichen Silberschmieden Frankreichs blieben im wesentlichen den traditionellen Herstellungsmethoden treu und fertigten in teurer Handarbeit exklusive Einzelstücke oder kleine Serien. Entsprechend kostspielig waren und sind auch heute noch Produkte dieser Zeit. Singulär bleibt, daß in der Zeit des Art deco Silberschmiede erstmals als solche in die Diskussion über gutes Design eingreifen. Bisher war Besteck meist im Rahmen von Ge-

samtkonzepten für einen modernen Lebensstil entstanden, und stilbildende Entwürfe stammten konsequenterweise überwiegend von Architekten oder gelegentlich auch von freien Künstlern. Mit dem Silberschmiede Jean Puiforcat, den Tetards oder dem Dänen Georg Jensen änderte sich die Situation. Zwar werden immer noch ausgebildete Architekten für Entwürfe herangezogen, aber der Architekt entwirft plötzlich im Auftrag der Silberschmiede, statt daß der Silberschmied sich in das vom Architekten entwickelte Gesamtkunstwerk einordnet. An die Stelle der Utopie, die den besseren Menschen durch gutes Design hätte hervorbringen sollen, suchte eine desillusionierte Kriegsgeneration nichts als die reine Schönheit in den Dingen. Zur Klärung der Frage, was schön sei, griffen die Künstler allerdings auf die bekannten Forderungen nach Materialgerechtigkeit und gutem Gebrauchswert zurück.

Wie beim Jugendstil war es auch jetzt wieder eine internationale Ausstellung, die dem neuen Stil zum Durchbruch verhalf. 1925 fand in Paris auf dem Gelände beim Trocadero die „Exposition Internationale des Arts Décoratifs et Industriels Modernes" statt. In der Gruppe I Klasse 10, den „Arts et Industries du Metal", stellten neben Uhren- und Waffenproduzenten, Münzen- und Beleuchtungskörperherstellern auch die Silberschmiede aus. Hier waren im Pavillon von Josef Hoffmann wieder die Wiener Werkstätte und der österreichische Werkbund vertreten, deren mittlerweile

Jean Puiforcat, Modell „Bayonne" von 1924.

routinierten Entwürfen der zu erwartende Erfolg beschieden war.

Als sensationell hingegen wurden die Entwürfe von Jean Puiforcat empfunden. Er war der prototypische Vertreter jener Künstlergruppe, die einen neuen Weg eingeschlagen hat. „Im Einklang mit dem Geist der Zeit", so der offizielle Katalog der Messe, „nehmen sie ihre Inspiration aus dem städtischen Leben und dem industriellen Fortschritt. Jener Kunst, die die schönen Formen des letzten Limousinenmodells und des Zeppelins hervorgebracht hat." Der neue Stil ist geprägt durch den praktischen Nutzen und die vollendete Verarbeitung des Materials.

■ JEAN PUIFORCAT

Jean Puiforcat, 1897 in eine traditionsreiche Silberschmiedefamilie hineingeboren, trat nach Ende des ersten Weltkrieges in das Unternehmen seines Vaters ein. Er widmete sich nach abgeschlossener Silberschmiedeausbildung zunächst seiner Ausbildung als Bildhauer und begann erst am Anfang der 20er Jahre mit Entwürfen für die Besteckproduktion. Systematisch eliminierte er alle überflüssigen Dekorationen und anekdotischen Motive und konzentrierte sich auf die gestalterischen Möglichkeiten, die der Werkstoff Silber von Natur aus bie-

tet. Vor allem die Oberfläche war für ihn von größter Bedeutung. Ästhetisches Vorbild war die Maschine, allerdings nur insofern, als es „nichts Überflüssiges" bei ihr gab. Auch „in der Silberschmiedekunst gibt es nichts, das nicht nützlich wäre – nicht nur vom Standpunkt des Gebrauchs. Man findet auf unseren Stücken Lichtreflexe, die nicht dazu dienen, den Kaffee aus der Kaffeekanne in unsere Tassen zu füllen, die aber als reine Augenfreude ihre Existenzberechtigung haben" (Jean Puiforcat 1929 in Le Figaro). Über diese rein ästhetischen Überlegungen hinaus beschäftigte sich Puiforcat aber auch mit durchaus praktischen Problemen bei der Gestaltung von Bestecken.

„Traditionell besteht eine Gabel aus dem Griff, dem Stiel und vier Zinken mit einer Verstärkung dort, wo sie mit dem Stiel verbunden sind. Wie Sie sehen, ist der Stiel

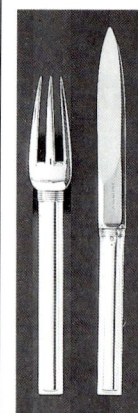

Herstellermarke der Silberschmiede Puiforcat.

Gabel und Messer aus dem Besteck „Cannes", das Jean Puiforcat in seinem eigenen Haushalt benutzte.

Tafelbesteck „Biarritz", 1924 von Jean Puiforcat entworfen.

"Monaco" aus dem Jahr der Pariser Kunstgewerbeausstellung 1925.

genau an der Stelle elegant verschmälert, an der der nötige Druck durch den aufliegenden Finger ansetzt, um einstechen zu können ...zum Beispiel in ein Steak. Das ist nicht sinnvoll, es widerspricht dem gesunden Menschenverstand. Deshalb habe ich mich entschlossen, den Griff und den Stiel durch ein einziges durchlaufendes Stück zu ersetzen; ich habe die Anzahl der Zinken reduziert und aufgehört, sie parallel zu machen, was mir erlaubt, sie zu verstärken und ihnen einen Schwung zu geben, der die Einheit des Entwurfs nicht stört; ich habe auch darüber nachgedacht sie, von der Basis ausgehend, zu biegen - damit das Essen von Erbsen kein Problem mehr ist, ansonsten ein bemerkenswertes Kunststück... nach denselben Prinzipien habe ich auch den Löffel und das Messer in Angriff genommen; ich wollte, daß der Messergriff die gleiche Breite wie die Klinge hat; ich behielt die Zwinge, weil sie nützlich ist, aber ich eliminierte die Schar und die 'mitre' (ein horizontales Verbindungsstück zwischen Klinge und Griff, im Deutschen Teil der Balance), die nie irgendeinen Nutzen gehabt haben" (Jean Puiforcat in Art Vivant, Januar 1926).

Was wir hier lesen ist ein Bekenntnis zur absoluten Vorrangigkeit der Funktionsfähigkeit eines Gerätes zum Essen, als das Pui-

forcat das Besteck in erster Linie betrachtete. Tatsächlich haben bereits seine ersten Versuche aus den Jahren 1921/22 die aus der Zeit Ludwigs XIII entlehnten dreizinkigen Gabeln, die ein untrügliches Erkennungsmerkmal seiner Entwürfe sind. Formal zeigen sie noch den Einfluß des kurvigen Linienspiels des Jugendstils. Doch bereits 1924 mit den Modellen „Biarritz" und „Bayonne" wird deutlich, welchen Weg er einschlug. Konsequent stellte er die Form in den Dienst der Funktion und huldigte mit mathematischer Strenge der geometrisch gefundenen Umrißlinie, die er mit dem Volumen in harmonischen Einklang brachte. Er mißbilligte sichtbare Bearbeitungsspuren, die andere Silberschmiede wie der Däne Georg Jensen effektvoll einsetzten, und

„Annecy", 1930 von Puiforcat geschaffen.

veredelte die Oberflächen, bis sie von einer Glattheit waren, die an Maschinenfertigung erinnert. „Sie (die ausgestellten Arbeiten) besitzen alle eine große Reinheit der Linie und des Volumen, deren Kälte durch die fast unmerklichen Änderungen auf der klug kalkulierten Oberfläche und gelegentliche Kanneluren gemindert wird. Der Gebrauch exotischer Hölzer und farbiger Steine gibt einen Hauch von Farbe", berichtete das Magazin „Art & Décoration" von der Messe, auf der Puiforcat nicht nur im Pavillion der Silberschmiede, sondern auch im Rahmen des von Emile Jacques Ruhlmann eingerichteten „Pavillon eines Sammlers" ausstellte. Die erwähnten Materialien komplementierten nicht nur die silbernen Teeservice oder Tafelaufsätze, sondern wurden auch bei den Bestecken eingesetzt. Allerdings beschränkte er sie immer auf die Verwendung an den Griffen der Messer, die er ganz oder teilweise ersetzte, während Löffel und Gabel immer zur Gänze aus Silber gefertigt wurden. So wurde zum Beispiel das Modell „Bayonne" auch mit Lapislazuli- oder Elfenbeingriff geliefert. Jade fand dafür genauso Verwendung wie dunkles Ebenholz. Während einige Entwürfe auch heute noch mit Heften aus farbigem Stein hergestellt werden, ist mittlerweile der Handel mit Elfenbein verboten. Griffe aus diesem Material sind also sicherlich immer ein Zeichen für ein gewisses Alter des Bestecks. Einer seiner überzeugendsten Entwürfe ist sicherlich „Cannes" von 1928. Mit seinem seitlich und am Griffende um einen fast runden Kern führenden flachen Rand wurde es so sehr zum Inbegriff des französischen Art deco, daß es noch in den 90er Jahren als Vorlage für das Modell „Esprit" von Hubert Haas für die Firma Berndorf diente. 1937 entstanden zwei letzte Entwürfe, die nach den mondänen Badeorten an der französischen Kanal-

küste „Deauville" und „Trouville" benannt sind. Puiforcat kehrte hier zur klassischen vierzinkigen Gabel zurück und gab der Laffe des Löffels eine kreisrunde Form, die sicherlich seinem Sinn für Geometrie entsprach, die zum Essen allerdings weniger angenehm ist. Insgesamt hat Jean Puiforcat 20 verschiedene Bestecke entworfen, die ursprünglich alle in Vollsilber ausgeführt, heute zum Teil auch in versilberter Form von Puiforcat in Paris hergestellt werden.

Jean Puiforcat war der Impulsgeber des neuen Stils, aber er stand nicht allein. Neben dem seinen fanden sich praktisch alle großen Namen der französischen Silberschmiedekunst im Katalog der Messe von 1925. Aucoc stellte in drei Vitrinen aus, genau wie Henin & Cie. Boulanger, Keller, Olier + Caron hatten je eine Vitrine für sich, Marinot war mit Löffeln vertreten.

Die Firma Tétard Frères stellte als eines der Traditionshäuser ebenfalls aus, doch seine Blüte begann erst in den 30er Jahren unter Jean Tétard, dem Enkel des Firmengründers Edmond Tétard. Seine Entwürfe, bar jeden Ornaments, erhielten nicht nur Beifall. 1935 werden sie in dem einflußreichen Magazin „Art & Décoration" als zu schlicht kritisiert. „Es gibt einen Punkt, an dem, unter dem Vorwand der Verein-

„Deauville",
1937 von Jean
Puiforcat ent-
worfen.

„Trouville",
1937 von Jean
Puiforcat ent-
worfen.

*Handgeschmie-
detes Silberbe-
steck von Jean
Després. Um
930. Sammlung
Bröhan, Berlin.*

*rechts:
Herstellermar-
ken der franzö-
sischen Silber-
warenfabrik
Christofle für
versilberte
Gegenstände.*

fachung, die Grenze des Zumutbaren über-schritten wird."

Das war sicherlich nicht nur auf Tétards eigene Entwürfe so gemünzt, sondern bezog sich wohl auf den gesamten Stil des Hauses, der ebenso von Valéry Bi-zouard, der bis 1936 das Entwurfsbüro leite-te, und Louis Tardy ge-prägt wurde, der gleich-zeitig mit Bizouard bei Tétard angefangen hat-te. Von beiden gibt es verschiedene Entwürfe für Bestecke. Die eleganten Konturen und der raffinierte Ma-terialmix, die diese Bestecke variationsreich zieren, lassen den Vorwurf der Schlichtheit heutzutage – in postfunktionalistischen Zei-ten – absurd erscheinen.

◼ JEAN DESPRÉS

Jean Després war eigentlich für seine Schmuckentwürfe bekannt, deren sachli-che Grundform er gerne durch eine Mi-schung mit anderen, auch künstlich herge-stellten unedlen Materialien belebte. Hin und wieder entwarf er jedoch für ver-schiedene französische Silberwarenher-steller und fertigte auch selbst von Hand. Im Gegensatz zu Tétard und Puiforcat scheute er sich nicht, die Spuren der Bear-beitung künstlerisch einzusetzen. Ihn in-teressierte nicht so sehr die glatte, spie-gelnde Oberfläche, als vielmehr das Spiel

mit den unterschiedlichen Grautönen der gehämmerten Werkstücke. Das um 1930 enstandene Beispiel lehnt sich dennoch deutlich an Entwürfe von Puiforcat an. So findet sich die bekannte dreizinkige Gabel, und die Klinge ist wie bei Puiforcats Mes-sern nur so breit wie der Griff. Im Ganzen wirkt es jedoch wuchtiger und gedrungen. Das Eßbesteck für Lilly und Fritz Wärn-dorfer, das sogenannte „flache Modell", das Josef Hoffmann bereits 1903 entwor-fen hatte, stimmt in Details, wie den klei-nen Silberkugeln am Griffende, ebenfalls auffallend mit dem vorliegenden Entwurf überein. Inwieweit Després damit vertraut war, ist allerdings nicht nachzuvollziehen. Doch scheint zumindest seine Auffassung von Proportionen eine ganz andere ge-wesen zu sein, als die der beiden mögli-chen Vorbilder, die ein eleganteres Ideal anstrebten.

1862 - 1935   *Seit 1935*

◼ DIE SILBERWAREN-FABRIK CHRISTOFLE & CIE

Die größte und einflußreichste Silberwa-renfabrik Frankreichs war und ist unzweifel-haft Christofle & Cie, die aus einer Schmuckfabrikation hervorgegangen ist und in ihrer heutigen Form seit 1845 be-steht. Im Gegensatz zu den übrigen Vertre-tern des französischen Art deco verbinden sich mit dem Namen Christofle nicht ex-

Modell „Orchidée", Christofle + Cie.

klusive Einzelstücke und Kleinstserien in Vollsilber, sondern in erster Linie auf galvanischem Wege versilbertes Tafelgerät, das in großen Mengen produziert wurde und für die bürgerliche Mittelschicht wesentlich erschwinglicher war.

Die Firma hatte ihre Bestecke, die auf Maillechortbasis (Neusilber/Argentan) versilbert wurden, zunächst bei Halphen in Holland bezogen, übernahm aber die Produktion der Rohlinge selbst, als nach der Entdeckung größerer Nickelbestände 1860 in Neukaledonien der Hauptbestandteil der Neusilberlegierung direkt zur Verfügung stand. In Saint-Denis bei Paris errichtete man eine Fabrik, die bis 1898 das französische Monopol auf die auf Argentanbasis versilberten Tafelgeräte besaß.

Die Besteckentwürfe beruhten zunächst wie überall auf klassischen Vorbildern und ahmten mit Vorliebe die beliebten Königsstile nach. Auch in Frankreich erwarb das Bürgertum, in Zeiten schier unendlichen technischen Fortschritts und wirtschaftlichen Wachstums wenig gewillt, größere Mengen Kapitals in nicht verzinslichen Im-

mobilien anzulegen und dennoch auf den schönen Schein erpicht, überwiegend die historischen Muster des Louis XIII bis XVI. Man orientierte sich eben am Geschmack der alten Oberschichten. Diese Bestecke wurden bis 1900 unter dem Namen Alfenide angeboten und mit dem Doppelstempel Alfenide und Christofle versehen. Danach änderte die Firma die Legierung der Rohlinge und verkaufte diese Produkte unter dem Titel Gallia. Bestecke aus der Zeit bis 1916 sind auch in Deutschland relativ häufig zu finden, da Christofle bis zu diesem Zeitpunkt eine Fabrik in Karlsruhe unterhielt, die neben dem deutschen auch den großen russischen und österreichisch-ungarischen Markt versorgte. Weil in Karlsruhe kein eigenes Entwurfsatelier unterhalten wurde, sind alle Modelle mit den in Frankreich hergestellten identisch. Die halbfertig aus Saint-Denis gelieferten Waren wurden nur versilbert und veredelt. Dadurch ließen sich erhebliche Abgaben beim Zoll vermeiden.

Auf der Weltausstellung 1900 in Paris, die mit den herrlichen Glasarbeiten von Emile

Gallé und den Entwürfen Hector Guimards den Sieg des Jugendstils in Frankreichs Kunsthandwerk dokumentiert hatte, zeigte sich einmal mehr, daß die Zunft der Silberschmiede sich nur langsam stilistisch neu orientierte. Zwar hatte Christofle bereits 1898 seine Vitrinen von dem berühmten Art-nouveau-Ebenisten Louis Majorelle bauen lassen und forderte 1900 Gallé auf, den Stand zu gestalten. Die gezeigten Tafelaufsätze, Schalen und Bestecke waren allerdings bis auf einen kleinen Teil weiterhin den Stilen vergangener Epochen verpflichtet . Sicherlich ist das wohl auch auf den eher konservativen Charakter der Kunden zurückzuführen, die für ihr vermutlich hart erarbeitetes Geld bleibende Werte erwerben wollten. Mithin also Modelle, die altes Familiensilber vorspiegeln, gleichzeitig aber über Jahrzehnte nachgekauft und gesammelt werden konnten. Immerhin wurden auch einige Löffel mit floralen Griffen gezeigt, die sich ein wenig gefällig der neuen,

Pavillon der Firmen Christofle und Baccarat auf der Pariser Kunstgewerbemesse von 1925.

Marken von Christofle für Vollsilberwaren.

herrschenden Mode angliederten . 1925 auf der Kunstgewerbemesse in Paris hatte sich Christofle mit der Kristallfirma Baccarat zuzammen einen Pavillon von Georges Chevalier und Edouard Chassaing in reinem Art deco errichten lassen. ,,Man sieht, daß sich das berühmte Haus nicht gescheut hat, dem Ruf der Erneuerer zu folgen und sich der modernen Bewegung anzuschließen'', empfiehlt begeistert der Autor des offiziellen Rundgangs den Besuch des Pavillons. Im zentralen, elegant in Beige und Weiß gehaltenen Kuppelsaal, unter einem riesigen, fast 1.000 kg schweren Lüster aus Bleikristall, präsentierten die beiden Firmen den ganzen Luxus, den sie gemeinsam aufbieten konnten.

Süe & Mare, Maurice Dufrène, André Groult und viele andere der bekanntesten Vertreter des französischen Art deco entwarfen inzwischen für Christofle. Interessant zu bemerken ist, daß es sich in den meisten Fällen um Künstler handelte, die nicht als Silber- oder Goldschmiede ausgebildet waren, sondern auf anderen Gebieten des

IM MAXIM

Das berühmte Restaurant Maxim's, beliebter Schauplatz glänzender Soireen in der Belle Epoque benutzte in seiner Blütezeit übrigens genau wie die großen Luxushotels Ritz, Lutetia, Crillon und das Palais d'Orsay im Gare d'Orsay (heute Musee d'Orsay) die von Christofle speziell für diese Großkunden entworfenen Stilbestecke. Heute ist es, wohl um den Erwartungen zahlreicher Gäste gerecht zu werden, die auf der Suche nach der verlorenen Zeit hier speisen, mit dem genuinen Jugendstilmodell ,,Orchidée" ausgestattet, ein Entwurf des Ateliers Christofle.

Kunsthandwerks zu Hause waren; meist im Bereich der Innendekoration, wo sie üblicherweise von den Möbeln über die Textilien bis hin zum Kleiderhaken alles entwarfen, was nötig war, um in sich geschlossene, harmonische Räume schaffen zu können, die bis ins Detail dem in der Pariser Oberschicht herrschenden Geschmack entsprachen. Da es unvorstellbar schien, neben den eleganten Lackmöbeln einer Eileen Gray oder den ebenistischen Meisterwerken eines Emile-Jacques Ruhlmann mit Besteck im zarten Blumendekor zu essen, war der Schritt, den Christofle vollzog, nämlich die führenden Designer der Zeit einzuladen, passende moderne Bestecke zu entwerfen, konsequent und wirtschaftlich sinnvoll.

Besteck „America" von Luc Lanel für Christofle.

Die Kritiker akzeptierten diese stilistische Erneuerung, wie der bereits zitierte Artikel von Gaston Varenne in „Art & Décoration", 1925, zeigt: „Die Ära von Roty ist für Christofle vorbei, nichts ist überlebter als das Gestalten der Griffe aus Margeriten und Klatschmohn; die Vorstellung von Schönheit beruht heute auf geglückten Proportionen, der Reinheit der Linien und harmonischen Volumen.... Ein Künstler, der diesen Namen verdient, ist heutzutage nicht bereit, mit willkürlichen und überflüssigen Ornamenten zu arbeiten."

Obwohl man weiß, welche Künstler für Christofle arbeiteten, ist es in vielen Fällen heute fast unmöglich, ihnen die jeweiligen Entwürfe sicher zuzuordnen. Unter Umständen wäre nach einer Durchsicht des Archivs der Firma nach kunsthistorischen Gesichtspunkten noch die eine oder andere Entdeckung zu machen.

Werksentwürfe, die direkt im Atelier Christofle entstanden, sind hingegen wesentlich einfacher zu identifizieren. Sie verbinden sich vor allem mit den Namen Luc Lanel und Christian Fjerdingstad, sowie für einige Teeservice, einen Leuchter und – berichtet zumindest Henri Bouilhet in seiner 1981 erschienenen Firmengeschichte – wohl auch ein Besteck mit dem des Italieners Gio Ponti, der nach dem zweiten Weltkrieg zum führenden Architekten und Designer

Prototyp für ein Besteck von Fjerdingstad für Christofle.

Prototyp für ein Besteck von Fjerdingstad für Christofle.

Italiens aufstieg. Die Entwürfe für Christofle kamen wohl durch persönliche Beziehungen zu Tony Bouilhet, seit 1922 Chef des Familienunternehmens, zustande.

Fjerdingstad, in Dänemark geboren und als Goldschmied ausgebildet, ist wie seine französischen Kollegen ein Virtuose im Umgang mit den unterschiedlichen Materialien. In den Jahren 1922 bis 1938, in denen er als künstlerischer Direktor für Christofle tätig war, entstanden einige zukunftsweisende Entwürfe. Die dezent geometrischen Formen und unterschiedlich behandelten Oberflächen einiger nicht in Serie gegangener Prototypen scheinen weniger aus der Zeit des Art deco zu stammen, als vielmehr die Entwicklung nach dem Krieg vorwegzunehmen.

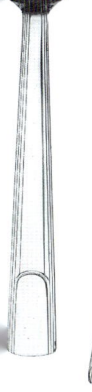

Löffel und Gabel eines Bestecks von Fjerdingstad. Christofle 1937.

Außer in Silber arbeitet Fjerdingstad auch für „Carville", einer Filiale Christofles, die Zinnobjekte herstellt. Gleichzeitig entwarf er weiterhin für seine eigene Marke „Fjerdingstad, L'Isle Adam", mit der er auch im dänischen Nationalpavillion vertreten war. Luc Lanel, von dem so überzeugende Besteckmodelle wie das 1925 in Serie gegangene und bis heute produzierte „America" stammen, war eigentlich als Keramiker ausgebildet. Bereits 1919 allerdings finden wir ihn als Verantwortlichen für die Silberarbeiten in Süe & Mares „Compagnie des Arts Français". Seit 1920 ist er als Leiter der galvanoplastischen Abteilung dem

Hause Christofle verbunden. Bis zu seinem Aussscheiden 1946 enstanden zahlreiche weitere Besteckentwürfe, die zum Teil heute wieder produziert werden.

Im übrigen Europa wurden nur vereinzelt Art-deco-Elemente aufgegriffen. Allerdings begann man besonders auf der Ebene preiswerter Massenware, den Glamour der eleganten Materialkombinationen aus Silber, Elfenbein und edlen Tropenhölzern mit gefärbten Kunststoffen und poliertem Stahl zu imitieren. Ganze Bestecke mit diesen roten, grünen oder gelben Griffen sind jedoch eher selten, Obstmesser, Vorlegeteile oder Kuchengabeln lassen sich heute auf Flohmärkten und Auktionen durchaus finden.

Der europäische Mittelklassemarkt, der vor allem von den großen Silberwarenfabriken abgedeckt wurde, tendierte in den Jahren vor dem zweiten Weltkrieg eher zu einer soliden, aber wenig spektakulären Sachlichkeit, deren Formensprache sich aus den geometrisch-abstrakten Tendenzen des untergegangenen Jugendstils entwickelt hatte.

Nur vereinzelt lehnte man sich an die luxuriösen Entwürfe der französischen Silberschmiede an. Bedeutender war sicher der Einfluß der Silberschmiede Dänemarks.

★ CARVILLE

Carville ist die französische Verballhornung von Quart (gespr. car) = Viertel = Fjerding und Ville = Stadt = Stad , also Fjerdingstad.

DIE MODERNE

WIRD EINGELÄUTET

Der moderne mensch, der mensch mit den modernen nerven, braucht das ornament nicht."
Adolf Loos

Den entscheidenden Anteil am Entstehen eines Industrial Design in Deutschland hatten neben dem Deutschen Werkbund unbestritten die von Hermann Muthesius reformierten Hochschulen für Gestaltung. Da Zukunft und Kontinuität des „Projekt Moderne" einer großen Schicht solide ausgebildeter Entwerfer und Kunsthandwerker bedurfte, begann man in Berlin und anderenorts, die freien von den angewandten Künsten zu trennen und den Unterricht auf die angestrebte Massenherstellung auszurichten. Unbemerkt von den Beteiligten entstand das Berufsbild des Industriedesigners.

■ DIE METALLWERKSTATT AM BAUHAUS

Das mythenumrankte Bauhaus war 1919 in Weimar aus den Resten der 1915 geschlossenen Kunstgewerbeschule Henry van de Veldes und der Hochschule für Bildende Kunst hervorgegangen. Von Anfang an war die Metallwerkstatt Teil dieser Schule, die daneben Werkstätten für Töpfer, Tischler, Weber, Holz- und Steinbildhauer, sowie eine Druckerei, eine Bühnenwerkstatt, eine Reklame- und eine Architektur-

abteilung besaß. Für die Ausstattung griff ihr Gründer Walter Gropius auf alte Verbindungen van de Veldes zurück und organisierte so den Transfer der Werkzeuge Theodor Müllers, des ehemaligen Hofjuweliers der Großherzöge von Weimar. Die Werkstätten der Kunstgewerbeschule waren irgendwann nach der Amtsenthebung van de Veldes Stück für Stück verkauft worden und Gropius hatte nur leere Säle vorgefunden.

An dieser Stelle sei gesagt, daß in der Folge die Metallwerkstatt zwar zahlreiche Tafelgeräte produzierte, die Anzahl nachweisbarer Besteckteile, geschweige denn ganzer Garnituren aber gegen Null tendiert. Wichtig war vor allem das Ideengut des Bauhauses und der internationale Einfluß ehemaliger „Bauhäusler", die nach der Zwangsschließung durch die Nationalsozialisten 1932 entweder in die Industrie gingen oder ihre Überzeugungen als Lehrer

Berndorf, Atelierentwurf Nr. 8600, um 1930.

Gebäckzange aus dem Besteck 17 700 Duves für Bahner. Silber um 1930.

weitervermittelten. Durch die Vertreibung zunächst aus Dessau und später dann in vielen Fällen auch aus Deutschland und durch Ausländer wie Max Bill, die freiwillig in ihre Heimatländer zurückkehrten, wurde die Lehre des Bauhauses in alle Welt getragen. Unfreiwillig trugen so die Nationalsozialisten dazu bei, daß das Bauhaus zur mit Abstand einflußreichsten Schule für Gestaltung im 20. Jahrhundert werden konnte. Produkte wurden unter dem Aspekt der Einsatzfähigkeit, der Materialtreue und der potentiellen, massenhaften Serienherstellung mit optimiertem Rohstoffverbrauch und Zeiteinsatz entworfen. Oberstes Gebot blieb dabei immer, ein höchstes Niveau an Qualität zu halten.

Diverse Teile aus einem Besteck von G. Duve für die Silberwarenfabrik Bahner. Silber um 1930.

„die allgemein nützlichen gebrauchsgegenstände sind nicht dazu da, um bewundert, sondern um benutzt zu werden", forderte Naum Gabo 1928 programmatisch im zweiten Jahrgang der Bauhauszeitung. Gleichzeitig warnte er: „einen gebrauchsgegenstand neu zu gestalten, bedeutet noch nicht die verpflichtung, ihn auch grundsätzlich zu ändern, seine konstruktion zu vervollkommnen oder gar, ihn

aufs neue zu erfinden." Wie bei allen vorangegangenen Reformbewegungen entschloß sich wieder nur eine kleine Avantgarde, dem Ornament abzuschwören und in wenig repräsentativen Räumen zu leben. Die übrigen Zeitgenossen blieben skeptisch und warteten ab. Erst nach dem zweiten Weltkrieg setzte sich der neue Produktstil beim breiten Publikum nicht nur durch, sondern stieg in rasender Geschwindigkeit zum vorherrschenden Geschmack auf.

■ BURG GIEBICHENSTEIN

1921/22 war die kunstgewerbliche Abteilung der Handwerksschule in Halle an der Saale aus Platzgründen auf die weitläufige Burg Giebichenstein verlegt worde. Der aus dem Hagener Kreis um Osthaus und dem Folkwangmuseum stammende Erich Lenné belebte die 1919 stillgelegte Kunstschmiede wieder, verließ Giebichenstein aber bereits ein Jahr später, um sich selbstständig zu machen. Sein Nachfolger wurde der Berliner Metallbildhauer Emil Müller, der die Metallklasse der Schule bis 1958 leitete. Müller galt als Anhänger solider Handwerkstraditionen.

Trotzdem, oder vielleicht gerade deshalb, entwickelte sich die „Burg" neben dem Bauhaus zur zweitwichtigsten Ausbildungsstätte für Industrieentwerfer – einen Standard, den sie auch zu Zeiten der ehemaligen DDR halten konnte. Leider fanden die wenigsten Prototypen den Weg in die Serienproduktion.

Münchner Ratssilber. Entwurf einer Anzahl Münchner Künstler aus dem Umkreis des Werkbundes. Ausführung durch die Silberwarenfabrik Gebr. Reiner.

■ UNBEKANNTE KLASSIKER

Jenseits der revolutionären Theorien der „Bauhäusler", die von den Nationalsozialisten als „Kulturbolschewisten" beschimpft wurden, arbeiteten eine ganze Reihe heute über Fachkreise hinaus wenig bekannte Entwerfer an modernen Bestecken. Sie versuchten, feste und objektive Grundlagen für eine neue, zugegeben bürgerliche Formensprache zu finden. Einer von ihnen ist der Maler und Innenarchitekt Gerhard Duve, der um 1930 eine Anzahl von Besteckentwürfen für die Silberwarenfirma Franz Bahner in Düsseldorf schuf.

Die abgebildeten Teile aus der Besteckserie Nr. 17700 entwickeln die Form ihrer Vorderteile aus den geometrischen Grundmustern Kreis und Quadrat. Der lange schlanke Griff wurde in einem extravaganten Winkel zu Laffen und Schiffen angebracht und liegt daher nur am hintersten Ende auf. An dieser Stelle befindet sich auf der Unterseite der Griffe ein abgeschrägter Wulst, der die ohnehin sehr massiv gearbeiteten Teile nochmal verstärkt. Die kaum über das Messerheft hinausragende Klinge erinnert

in der Form ebenso an deutsche Vorbilder wie auch an solche des französischen Art deco.

Ähnlich schlicht, jedoch stärker Vorbildern des Klassizismus verpflichtet, ist der wohl etwas eher zu datierende Werksentwurf Nr. 8600 der österreichischen Silberwarenfabrik Berndorf. Der spitzoval endende Griff wurde ursprünglich auf Vorder- und Rückseite gleich gestaltet. Die seitlich des Griffs verlaufenden gekehlten Kanten enden an Laffe und Schiff in einem sanften Schwung. Rückseitig ist die Verbindung zwischen Stiel und glattem Oberteil mit einer rein ornamentalen, weich fließenden Zunge gekennzeichnet. Eine überraschende Reminiszenz an die Formensprache des Jugendstils bei einem ansonsten ausgesprochen nüchternen Besteck.

Herstellermarke der österreichischen Metallwarenfabrik Arthur Krupp Berndorf.

Versuche, die Ideen des Bauhauses aufzunehmen und neue, sachliche Besteckformen zu schaffen, gab es auch bei anderen Fabrikanten, die mit ihren modernen Entwürfen auch jenseits der regionalen Märke Fuß fassen wollten.

1933, mit Beginn der nationalsozialistischen Herrschaft, fanden diese Bestrebungen im Gegensatz zu den sozialistisch-avantgardistischen Programmen des Bauhauses kein abruptes Ende.

Im Gegenteil, diese klassische Variante der Moderne vertrug sich sogar sehr gut mit den stilistischen Vorlieben eines Troost, dessen Ausstattungen und Architekturen für die NSDAP und ihrer prominenten Mitglieder alle in einem monumentalen Klassizismus gehalten sind.

WMF 2500, Atelierentwurf unter Kurt Mayer.

„Bernina", Werksentwurf der Firma Reiner von 1930/32.

FUNKTIONALISMUS ALS WELTANSCHAUUNG

Nur wenigen Mitgliedern der um die Jahrhundertwende geborenen Künstlergeneration war es vergönnt gewesen, noch vor 1933 einen substantiellen Beitrag zur Produktgestaltung zu leisten. Der bekannteste ist sicherlich Wilhelm Wagenfeld, von dem auch einige Bestecke für Pott und andere Firmen stammen. Die weitaus meisten der mit den Ideen des Bauhauses großgewordenen Designer konnten erst im reifen Alter ihre Arbeit wieder aufnehmen. Wenn sie überhaupt in Deutschland geblieben waren, geschah das oft als Lehrer an den verschiedenen Akademien und Hochschulen, deren bekannteste die neugegründete „Hochschule für Gestaltung" in Ulm war. Angeregt durch Beziehungen zu ehemaligen Bauhäuslern und beseelt von der Überzeugung, daß mittels guten Designs auch ein besserer Mensch entstehen könnte, hatte sich Inge Scholl bereits in den frühen 50er Jahren für die Gründung einer freien Hochschule für Gestaltung eingesetzt. Trägerin sollte die Geschwister-Scholl-Stiftung sein, die von ihr zum Andenken an ihre 1943 von den Nationalsozialisten ermordeten Geschwister Sophie und Hans Scholl gegründet worden war. Der programmatische Antifaschismus führte zunächst zu einer Renaissance eines Modernismus im Sinne des Bau-

hauses, dessen bekannteste Vertreter sich in der Zeit der NS-Diktatur fast als einzige nicht dem herrschenden Geschmack angedient hatten. Funktionalistisches Design galt als international, klassenlos und daher per se als antifaschistisch.

Die Gleichung „modernes funktionsorientiertes Design gleich demokratischer Benutzer" wurde schon in den 50er Jahren durch neue wissenschaftlich orientierte Fragestellungen erweitert. Wie weit sich die neue Generation der Entwerfer bereits von der eines Wilhelm Wagenfeld entfernt hat, zeigt dessen Reaktion auf die neuen Schlagworte der Jüngeren. „Sitztechnik" ist ihm ebenso suspekt wie „Eßgerät". „Nur Diagramme fehlen noch in den Katalogen und Prospekten, jene Kurven auf quadrierten Feldern, die informieren können über: kürzeres Ausruhen - schnelleres Denken durch richtiges Sitzen, rascheres Essen durch funktionelle Eßwerkzeuge!" polemisiert er 1953. In dieselbe Kerbe schlägt Lucius Burckhardt 1960 in einem Kommentar über die Ulmer „hfg" und die allgegenwärtigen Tendenzen ergonomischer Untersuchungen, die sich eigenartigerweise ganz besonders der Schaffung neuen

Besteckmodell Form 3600 von Wilhelm Wagenfeld für WMF. Edelstahl 1950er Jahre.

Besteck 83 der Firma Pott. Entwurf angefangen von Gretsch und 1950 von Wagenfeld vollendet.

Edelstahl-Besteck Nr. 2721 von Don Wallance für Pott. 1950.

Bestecks zuwenden: „Wie müssen wir beispielsweise die Finger verkrampfen, wenn wir eine Gabel anfassen! Schwielige verkrüppelte Hände sind die Folge. Da tritt die Grifforschung in Aktion. Sie studiert den Greifvorgang, das Abheben des Eßgutes, den Weg zur Speiseöffnung, und was entsteht?— ein modernistisches Eßbesteck."

Wie ein solches Besteck tatsächlich entstand, sei im folgenden am Beispiel des Bestecks Nr. 2721 von Don Wallance für die Firma Pott erläutert.

■ DAS BESTECK NR. 2721

Durch die Vermittlung des amerikanischen Tafelgerätegroßhändlers Lauffer, dem vermutlich an einem Besteck gelegen war, das von einem amerikanischen Designer stammte, bekommt Carl Pott 1950 Kontakt mit Don Wallance. Das Resultat der Zusammenarbeit dieser beiden Männer ist das Besteck Nr. 2721, das in einer Variante von Carl Pott auch das erste Bordbesteck der Deutschen Lufthansa wurde.

Es ist in vieler Hinsicht ein typisches Produkt seiner Zeit.

Edelstahlbesteck von Carl Pott aus den frühen 50er Jahren.

Weil aus Kostengründen niemals ein persönlicher Kontakt zwischen dem deutschen Hersteller und dem amerikanischen Entwerfer zustande kam, war es nötig, alle zur Findung der endgültigen Form notwendigen Schritte in schriftlicher Form zu fixieren. In einem dem Besteck beigegebenen Begleitheft des amerikanischen Vertreibers wurde dem Kunden die Form jedes einzelnen Teils genau begründet. Die umfassenden Recherchen von Wallance über die menschliche Nahrungsaufnahme unter Zuhilfenahme eines in Europa und Amerika üblichen mehrteiligen Bestecks führten zu folgenden Entwurfskennzeichen:

1. Konkave Vorder- und konvexe Rückseite der Stiele von Löffel und Gabel, um eine sichere und für die Hand angenehme Benutzung der Geräte zu gewährleisten.

2. Eine im Profil der Form von Finger und Handfläche folgende Kurvatur der Griffe.

3. Betonte Dicke des Stielhalses, um ein Verbiegen von Löffel und Gabel zu vermeiden, wenn diese zum Zerkleinern von Lebensmitteln benutzt werden.

4. Verengung der konvexen Form der Löffel- und Gabelgriffe zum Hals hin, um den wechselnden Zugriff der Hand, wenn sie sich vom Teller zum Mund bewegt, nicht zu stören.

5. Löffelartige Vertiefung des Gabelschiffs und verkürzte Zinken, damit zum Beispiel auch Erbsen besser aufgenommen werden können.

6. Kellenartige Löffellaffe mit einer im rechten Winkel zum

Edelstahlbesteck von Paul Voss für Pott.

enprodukt oblag den Handwerkern der Firma Pott. Der Herstellungsprozeß war bereits als ein Entwurfskriterium in die Form mit eingegangen. Wie viele seiner Zeitgenossen wollte Wallance den Entstehungsprozeß eines Besteckes transparent machen, indem er eine Form wählte, die das Stanzen und Pressen unmittelbar vor Augen führt. Besonders die Messer sind ihm in dieser Hinsicht gelungen. Ihre ungewöhnliche Kontur wirkt wie ausgeschnitten, was sie in der Tat ja auch sind.

Ganz ähnliche Überlegungen mit vielleicht im Detail anderen Schwerpunkten bestimmten die Mehrzahl der in den 50er und 60er Jahren entworfenen Bestecke. Carl Pott, der als Anhänger eines kompromißlosen Funktionalismus seine gesamte Kollektion unter dem Gesichtspunkt von Nützlichkeit und Materialgerechtigkeit zusammenstellte, trug selber zahlreiche Entwürfe bei. Darüber hinaus lieferten unter anderen Elisabeth Treskow, Wilhelm Wagenfeld, Paul Voss und Hermann Gretsch Entwürfe für Pott.

Durch den Finnen Tapio Wirkkala gelangten Vorstellungen von Ergonometrie im Gebrauchsdesign auch nach Frankreich. Christofle produzierte 1957 ein Besteck von ihm, dem man ansieht, daß Wirkkala genauestens erforschte, wo beim Essen normalerweise die Finger ruhen und den meisten Druck ausüben.

Stiel stehenden Längsachse.

7. Verkürzte Messerschneide in einem betonten Winkel zum Griff, um einen möglichst mühelosen Schnitt zu erlauben.

8. Messergriff in einer aus dem traditionellen Pistolengriff entwickelten Form, die dennoch die Herstellung eines preisgünstigeren Monoblockmessers erlaubt.

Nach diesen auf wissenschaftlichem Weg gefundenen Ergebnissen entstanden die ersten Aluminiummodelle. Aluminiumblech wurde deshalb gewählt, weil es leicht auszuschneiden und zu verformen ist. Die nachfolgende Modellgeneration wurde aus Holz und die endgültigen Vorlagen, die nach Deutschland geschickt wurden, aus einer Zinn-Blei-Legierung gefertigt, die im Farbton dem Edelstahl recht nahe kam.

Die anschließende Umsetzung in ein Seri-

Besteck von Elisabeth Treskow für Pott.

Besteck „Duo", 1957 von Tapio Wirkkala für Christofle entworfen.

72

DIE GRÜNDUNG EINER FAMILIE

ODER DAS PRINZIP DER SERIE

Unter dem Gesichtspunkt, möglichst geringe Investitionskosten mit einer dennoch befriedigenden Form zu kombinieren, entwickelte Peter Raacke zusammen mit seinen Schülern an der Werkkunstschule Kassel 1959 den Urtyp der Mono-Besteckfamilie, „mono-a". Das mehrfach prämierte Besteck überzeugt mit seiner "klaren, unkomplizierten Grundform und überdurchschnittlichen Einheitlickeit aller Besteckteile" (Jury Bundespreis gute Form). Die Produktion erfolgte zunächst nur in Edelstahl, wurde dann aber durch „mono-e" mit Ebenholz- und „mono-t" mit Teakholzbelag auf den Griffen ergänzt. Dem bürgerlichen Hang zur Gemütlichkeit zollte Raacke wenig später mit dem modifizierten Entwurf „mono-oval" Tribut, dessen konventionellere Gestaltung weniger nüchtern und asketisch wirkte, ohne die Ideale der funktionellen Formgebung zu verraten. Erst vor wenigen Jahren erfolgte eine Ergänzung des Besteck-Programms durch das Modell „mono-filio" von Ralph Krämer. Das schwungvolle Be-

steck gliedert sich in die Mono-Familie problemlos ein, ist es doch, wie seine Eltern, bequem zu benutzen und darüber hinaus gut und kostenorientiert zu produzieren. Bemerkenswert an den Mono-Bestecken ist über ihre formale Gestaltung hinaus, daß es Hersteller und Entwerfer geglückt ist, mit ihnen ein weiteres Prinzip modernen Industriedesigns zu verwirklichen: nämlich ihre eigene Identität vollkommen hinter dem Produktnamen verschwinden zu lassen. Die Serie, ergänzt durch passende Küchengeräte vom Schneebesen über den Eierbecher bis zur Teekanne, trat an Stelle des individuellen Objekts. Dieses uns heute selbstverständlich scheinende Konzept war im Bereich der Haushaltswaren zum ersten Mal mit den Entwürfen Wilhelm Wagenfelds für die Jenaer Glaswerke erfolgreich durchgeführt worden. Berühmtestes Beispiel für die gelungene Symbiose eines Markennamens mit den Vorstellungen von gutem Design sind die unter Dieter Rams für den Elektrokonzern Braun entwickelten Geräte.
Prominentes Besteckmodel der 50er Jahre ist der Entwurf des Architekten Arne Jacobsen für die dänische Silberschmiede Michelsen, das man im weitesten Sinne dem

Das 1957 von Arne Jacobsen für Georg Jensen entworfene Besteck erschien Hollywoods Filmausstattern so futuristisch, daß sie es für den Film „2001: Odyssee im Weltall" verwendeten.

von Michael Collins so tituler-
ten „free-flow"-Stil zurechnen
kann. „Free-flow" war eine Kom-
bination aus organischen Formen, die einen Teil der Möbel-
produktion dieser Zeit be-
herrschten, und der funktionalen Stromlinienform moderner
Düsenjets. Jacobsen reduzierte
den Materialverbrauch auf ein
Minimum und differenzierte die
zum Essen benötigten Vorderteile des Bestecks kaum noch
von den Griffen.

Arne Jacobsen-
Besteck von
1957/58.

Ein weiteres Beispiel der hochstehenden
Wohnkultur in Dänemark ist das nur ein
Jahr nach Jacobsens Design (1958) von
H.Haugard für Cohr entworfene Besteck
„Trinita". Das in 925/1000 Silber gefertigte
Modell gehört zu einer Richtung der Nach-
kriegsmoderne, die ihre Wurzeln in der traditionellen Silberschmiedekunst hat und
elegante, skulpturale Tafelgeräte von
großer Leichtigkeit schuf. Ergonomische
Überlegungen sind sicherlich in die Gestaltung eingeflossen, wie man an der praktischen Form der Löffellaffe sieht, aber in aller
erster Linie variiert Haugard in diesem Besteck das Thema „Dreieck" in manigfacher
Weise.

Zur Akzeptanz der neuen Sachlichkeit bei
einem breiten Publikum trugen zu einem
nicht geringen Teil die von den Werkbün-
den Deutschlands, Österreichs und der
Schweiz veranstalteten Ausstellungen unter
programmatischen Titeln, wie „wir bauen
ein besseres leben" oder „Die gute Form"
bei. Diese Ausstellungen verfolgten die Ab-
sicht, „Herstellerkreise und Bevölkerung in

geschmacklicher Hinsicht zu beeinflussen".
In den Städten richtete man zusätzlich
Wohnberatungszentren ein, in denen
schlichte materialgerechte Haushaltsgeräte
gezeigt wurden. Der dank „Wirtschafts-
wunder" wachsende Wohlstand erlaubte
es darüber hinaus einem großen Prozent-
satz der Bevölkerung, langsam seine im
Krieg verlorenen Habseligkeiten zu ersetzen. Nirgendwo sonst in der Welt gab es
diese einmalige Kombi-
nation von zunehmen-
der Kaufkraft und
Nachholbedarf, ge-
paart mit einer starken
industriellen Tradition.
Zwar mußten die mei-
sten Fabriken erst wie-
der aufgebaut werden,
sie konnten aber fast
immer auf das Know-
how der Vorkriegszeit
zurückgreifen. Die Glei-
chung vom „guten De-
sign" für den neuen

Besteck
„Trinità" von
Haugard für
Cohr. Silber.

H. Gretsch, Besteck für Pott 1938.

WMF-Besteck, Atelier-entwurf aus den 50er Jahren unter Kurt Mayer.

WMF-Besteck „Berlin" 1953 von Kurt Mayer.

Silberbe-steck aus den 50er Jahren. Atelierent-wurf der BMF.

„guten Menschen" wurde schnell akzeptiert. So schnell, daß es vielen gar nicht weiter auffiel, wie ähnlich die neuen, nach Kriterien von Funktion und Materialgerechtigkeit entstandenen Gebrauchsgüter ihren Vorgängern aus der Zeit des Nationalsozialismus waren. Zum Teil griff man sogar auf Entwürfe der 30er Jahre zurück, deren sachliche Formensprache durchaus auch dem Geschmack der neuen Zeit entsprach. Manchen Betrieben gelang es sogar, durch personelle Kontinuität einen spezifischen Hausstil zu prägen. So produzierte das Atelier der WMF unter Kurt Mayer zwischen 1920 und 1960 so viele erfolgreiche Bestecke, die alle durch Mayers sensibles Proportionsgefühl und unauffällige, solide Modernität gekennzeichnet sind, daß die Firma heute immer noch ein gutes Dutzend davon im Programm hat.

In den für das Möbeldesign und die Architektur so ereignisreichen 60er und 70er Jahren konnte man im Bereich der Tafelgeräte zunächst keine nennenswerten Veränderungen erkennen. In den skandinavischen Ländern, wo die Idee „der schönen Dinge für den täglichen Gebrauch" am weitesten getrieben wurde, aber auch im übrigen Europa arbeiteten die Entwerfer weiter an sachlichen Bestecken, die gelegentlich die Tendenz hatten, auf Kosten der Funktion immer skulpturaler zu werden.

Gleichzeitig konnte man auf den anonymen Massenprodukten das erneute Auftauchen von applizierten Ornamenten bemerken. Ganz offensichtlich hatte sich in der Zwischenzeit ein Markt für „modernes" Tafelgerät gebildet, der außer nach der reinen Form auch nach Dekor verlangte.

P O P - A R T

UND SPACE - AGE

In den frühen 60er Jahren begann sich die Grenze zwischer freier und angewandter Kunst, die in den vorangegangenen beiden Jahrzehnten unüberwindlich geworden war, wieder zu verwischen. Bildende Künstler wie Claes Oldenburg mit seinen Geisterversionen trivialer Konsumgüter erhöhten überdimensionierte Gegenstände wie Stecker oder Waschbecken zu Kunst. Von der anderen Seite näherten sich Designer mit biomorphen Sitzgelegenheiten aus Kunststoff der Skulptur oder schufen knallbunt bemalte Möbel, die aussahen als seien sie nur für den Moment konzipiert, um dann gegen den neuesten Trend ausgetauscht werden zu können. Viele werden sich wahrscheinlich auch noch an die aufblasbaren Plastiksessel der späten 60er Jahre erinnern, oder an den omnipräsenten, mit Polyäthylenkügelchen gefüllten Sack, der ab 1970 von der italienischen Firma Zanotta vertrieben wurde. Aus Italien stammte auch der legendäre Designer Joe Colombo, dessen größtes Verdienst im materialgerechten Einsatz von Kunststoffen lag. Darüber hinaus arbeitete er an Kombi-Systemmöbeln und raumsparenden Stapelobjekten. Für die italienische Fluggesellschaft Alitalia entwickelte er beispielsweise ein bis heute verwendetes Plastikbesteck, das mittlerweile zum Klassiker avancierte. Es läßt sich vollständig ineinanderlegen und paßt sich so den beengten Platzverhältnissen in einem Flugzeug an. Aufsehenerregend waren auch seine Überlegungen zur Lebensform der Zukunft. Mit entschiedenem Wissenschaftsoptimismus entwickelte er einen futuristisch anmutenden kabinenartigen „Lebensraum" (Visiona '69), der vollkommen aus Kunststoff hergestellt und mit den zeittypischen Multifunktionsmöbeln ausgestattet war. Colombo stand mit seinem Wohncontainer, den er mit allerlei technischen Gags wie versenkbarer Bar und beweglichem Dach über dem Bett ausgestattet hatte, bei weitem nicht alleine da. Eine gemäßigte Variante sind letztendlich zum Beispiel auch die Badezimmer des 1972 fertiggestellten Olympischen Dorfes in München. Überlegungen wie die seinen, die den Menschen in vollmechanisierten Kunststoffzellen sahen, sind wohl nur vor dem Hintergrund der Zeit verständlich. 1969, das Jahr, nach dem Colombo seine Zukunftsvision benannte, hatte immerhin mit Neil Armstrong den ersten Menschen auf dem Mond gesehen, und man ging ganz allgemein davon aus, daß in absehbarer Zeit Weltraumreisen selbstverständlich sein würden.

Zwei Bestecke, die beide gegen Ende der 60er Jahre entstanden, zeigen in der Ge-

Edelstahl-Besteck Nr. 2729. Schwippert für Pott.

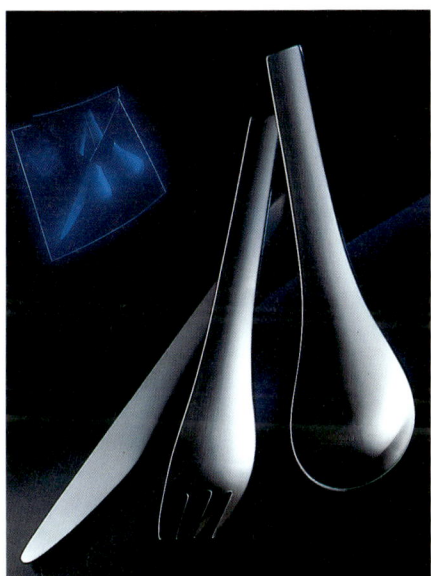

Edelstahl-Besteck „Blauer Hai" von Svend Siune. 1966 aus einem Wettbewerb der Silber-schmiede Jensen hervor-gegangen.

man Eis genauso leicht abschaben kann, wie ein Ei köpfen oder Kuchen essen. Stechga-bel und Messer sind dagegen ganz auf das Schneiden von Fleisch ausgerichtet. Nicht ganz so minimalistisch, aber tendenziell ge-nauso konzipiert ist das Besteck „Blauer Hai" des Dänen Svend Siune für die Silber-schmiede Georg Jensen. Es ging aus einem offenen Wettbewerb der Firma Jensen an-läßlich des hundertsten Geburtstages von Georg Jensen als Sieger hervor. Aufgabe war, ein neuzeitliches Besteck zu konzipie-ren. Den Ansprüchen moderner Lebens-kultur entsprach das Besteck insofern, als es durch die geringe Anzahl multifunktionaler Einzelteile – insgesamt neun Teile – nur wenig Platz braucht. Ein Vorteil, den junge Familien in modernen kleinen Wohnungen zu schätzen wußten.

samtkonzeption ähnliche Tendenzen, wie sie bei Colombo zum Extrem geführt wur-den. Das erste Beispiel neuen Denkens, das Vielseitigkeit der Spezialisierung vorzog, stammt von Hans Schwippert, dem Archi-tekten des Bonner Bundeshauses. Sein ur-sprünglich unter dem Namen „Pop" für die Firma Pott entwickeltes Besteck Nr. 2729 beschränkt sich auf fünf Besteckteile, die zwar noch unter den Namen Tafelmesser, -löffel und -gabel, sowie Kaffelöffel angebo-ten werden, deren Einsatzmöglichkeiten aber weit darüber hinausreichen. Jedes ein-zelne Teil des extrem reduzierten Bestecks ist ein multifunktionales Eßgerät. So eignet sich das Salatbesteck selbstverständlich auch einzeln als Vorlegegabel und Kar-toffellöffel. Das mit sieben Zinken ab-schließende tiefe Schiff der Salatgabel ist darüber hinaus auch für widerspenstigere Gemüse und in Flüssigkeit schwimmende Lebensmittel geeignet. Am vielseitigsten ist der spatelförmige kleine Löffel, mit dem

Plastikbesteck von Studio joe colombo für Alitalia.

FORM FOLLOWS FICTION

POSTMODERNES BESTECKDESIGN

Industrielle Formfindung hatte bis zu Beginn der 80er Jahre im Bereich der Tafelgeräte immer über eine optimale Anpassung an Funktion und Material stattgefunden. Unterstützt durch so berühmte Institutionen wie die Designabteilung des Museum of Modern Art (MOMA) in New York, konnten sich Anhänger des Funktionalismus über Jahrzehnte in ihrem Geschmack bestätigt finden. Mit Ausstellungen wie „Gutes Design unter 5 Dollar" oder „Gutes Design unter 10 Dollar" entwickelte sich die Sammlung zu einer einflußreichen Instanz für den guten Geschmack im Alltag. Die perfekte Form war zurückhaltend, sachlich und nicht selten hochgradig langweilig.

Ettore Sottsass, Eisvorlegeteile in Edelstahl. 1990 für Swid/Powell.

In der Architektur hatte die Abwendung von der mittlerweile vielerorts verknöcherten Moderne schon in den 70er Jahren begonnen. Charles Jencks, das Sprachrohr der Bewegung, verkündete die Abkehr vom Rationalismus und gab die Vergangenheit für Designer und Architekten zur beliebigen Selbstbedienung frei. Im Gegensatz zu allen anderen historistischen Stilen ist die Postmoderne aber mit ausgesprochenem Witz und einer feinen Selbstironie ausgestattet, die dem kunsthistorisch nicht so versierten Betrachter leicht entgehen kann. Gute postmoderne Gegenstände wollen weniger kluge Abhandlungen über Architektur, die Welt der Comics oder was auch immer den Entwerfer gerade inspirierte, sein, sondern sie sollen in erster Linie unterhalten. Grundsätzlich ein Anspruch, der dem Tafelgerät sehr nützlich ist, diente es auf diese Art doch nicht nur zum Speisen dar, sondern auch noch als Gesprächsstoff.

Daß es tatsächlich aber nur wenige wirklich postmoderne Bestecke gibt, und selbst bekannte Protagonisten dieser Bewegung relativ klassische Entwürfe machten, liegt sicher daran, daß ein Besteck immer auch funktionieren muß und daher die Entfaltungsmöglichkeiten begrenzt sind.

Darüber hinaus gibt es in der traditionellen Silberwarenindustrie das wahrscheinlich einzigartige Phänomen, daß viele historische Muster nicht nur als Stilbestecke reproduziert wurden, sondern zumTeil, wie einige Rokoko- oder Empiremodelle, seit ihrer Entwicklung ununterbrochen hergestellt wurden. In einem Industriezweig, in dem also die Vergangenheit auch noch die Gegenwart ist, läuft ein historisches Zitat Gefahr, mit dem Zitierten, dem echten Stil, verwechselt zu

David Palterer Dessertset mit Ebenholzgriffen. 1990 für Swid/Powell.

Edelstahl-Besteck von Richard Meier. 1993 von Swid/Powell in Zusammenarbeit mit Reed & Barton produziert.

werden. Trotzdem gibt es einige wirklich postmoderne Eßgeräte. Als solche darf man die von Richard Meier, Robert Venturi, David Palterer, Michael Graves und Ettore Sottsass für die amerikanische Firma Swid Powell entworfenen Tafelbestecke und Servierteile betrachten. Die Intention der 1984 von Nan Swid und Addie Powell gegründeten Gesellschaft war es von vorn herein gewesen, Geschirr und Bestecke namhafter Architekten für einen Kundenkreis anzubieten, der überwiegend aus kaufkräftigen, gut ausgebildeten und imagebewußten Großstädtern bestand. Das Besteck und die Salatgarnitur des amerikanischen Neomodernen Richard Meier führen uns unmittelbar an den Anfang dieses Jahrhunderts, zu den Entwürfen Josef Hoffmanns für die Wiener Werkstätte, zurück. Beim Salatbesteck hielt sich Meier am engsten an sein Vorbild und entschied sich für die typisch Hoffmannsche querovale Laffenform und den rechtwinkligen Anschluß des Gabelschiffs an den Griff. Auch die kreisrunde Löffellaffe und die

Grifform finden sich bereits beim „runden Modell". Die schmückenden Kanneluren und vertieften Quadrate hingegen zitieren eines der beliebtesten Motive der Wiener Werkstätte. Bei Meier sind sie jedoch reines Ornament und dienen der besseren Lesbarkeit des Entwurfs. Sie ermöglichen dem informierten Kunden eine sofortige Einordnung des Bestecks in eine ganz bestimmte Tradition.

Ein unterhaltsames Lehrstück zum Thema „decorum", der Angemessenheit architektonischer Motive im Rahmen ihrer Anwendung, lieferte der „Vater der Postmoderne" Robert Venturi. Ohne jede Scham setzte

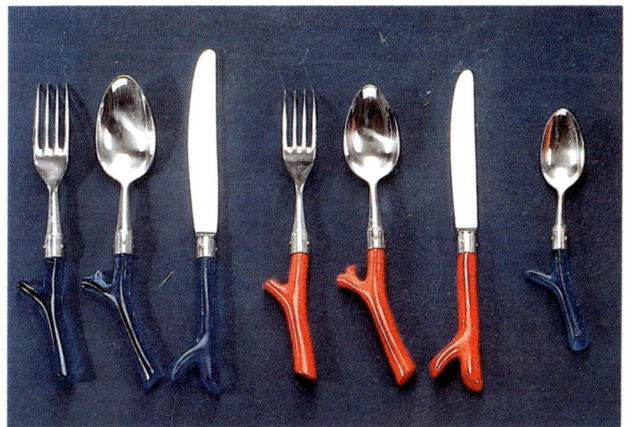

„Trapani" von Garouste & Bonetti für Daum.

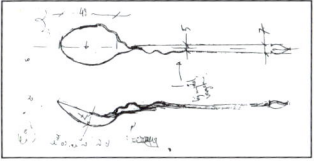

Entwurfszeichnung für Löffel aus der Besteckserie von Bořek Šipek.

sich Venturi über die seit Vitruv geltende Regel hinweg, daß Säulen als architektonische Würdeform grundsätzlich nur im Zusammenhang mit wichtigen Bauaufgaben zu erscheinen haben. Statt dessen verwendete er in Pop-art-Manier stilisierte dorische, ionische und korinthische Kapitelle, die auf flachen, völlig unkannelierten „Säulen", respektive Griffen sitzen. Leider sind die Oberteile des Bestecks relativ konventionell, nur bei der Vorlegegabel flackert ein olympisches Feuer am oberen Ende des Griffs.

Weniger spektakulär fiel der Entwurf des Altmeisters des Industriedesigns Ettore Sottsass aus. Wie auch bei seinem Besteck für Alessi verzichtet er zugunsten praktischer Erwägungen auf übermäßige Designeffekte und begnügt sich mit einem wellig bewegten Griff, der auf hintergründige Weise unser Stabilitätsgefühl verwirrt und

eine Weichheit vorspiegelt, die für den verwendeten Edelstahl ganz und gar nicht typisch ist.

Letztes Produkt aus der Kollektion von Swid Powell ist das Kuchenvorlegebesteck des Israeli David Palterer. Seine formale Einheit erreicht das mit eleganten Ebenholzgriffen ausgestattete Set nicht durch eine ornamentale Angleichung der beiden Teile, sondern indem es die phantastisch geschwungenen Vorderteile wie zwei Hälften einer Sache erscheinen läßt. Im Vordergrund steht also nicht, wie üblich, der Seriencharakter des Produktes, sondern erst vereint wird aus den Einzelteilen ein Ganzes.

1992 entwarf Bořek Šipek, der mit Palterer seit 1984 das Studio Alterego betreibt, eine ganze Reihe von Besteckteilen für die italienische Möbelfirma Driade. Šipek gilt als neoromantischer Antipode zur „objektiven"

5teiliges Speisebesteck von Izabel Lam. Metall versilbert.

„Stockholm", 1988 von Helène Backlund für Boda Nova.

80

„Pointus" von
Philippe Starck
für Driade.
1986.

Vorzeichnung von Philippe Starck für „Pointus".

Lehre des Funktionalismus der 80er Jahre. Sein Besteck setzt, wie seine Möbel und Objekte aus Glas und Keramik, auf subjektive Individualität und verzaubert durch seine barocken Formen und überraschenden Materialmix.

Es ist Teil einer ganzheitlichen Vorstellung von zeitgemäßem Design, das vom Möbel bis zum Tafelgerät alles für die gehobene Wohnkultur bietet. Die opulenten, witzigen Entwürfe Šipeks werden unter dem Label „Follies" vertrieben und bekennen sich nicht nur durch diesen auf die verrückten Pavillons englischer Gärten zurückgehenden Namen zu einer Kunstauffassung, die ihre Wurzeln im 18.Jahrhundert hat.

Hintersinniger Humor bestimmt auch den Espressolöffelentwurf der Hannoveraner Designergruppe Metamoderne. Das „Rührstück" von 1991 ist wie Šipeks „Follies" trotz der so offensichtlich anderen Formensprache ein Vertreter der zu Mitbewohnern avancierten Gebrauchsgegenstände. Geschickt suggeriert die Namensgebung Charaktereigenschaften, die sich nur einem Benutzer erschließen, der eine Mindestkenntnis zeitgenössischer Reklame- und Alltagskultur besitzt. Kenntnisse humanistischer Art, wie sie zur Entschlüsselung der meisten „Klassiker" postmodernen Designs obligatorisch sind, werden für die Arbeiten von Metamoderne weniger gefordert. Ein waches Bewußtsein für soziologische und technische Gegebenheiten hingegen wäre durchaus nützlich.

Zum Typ der erzählerischen, bisweilen schwatzhaften Bestecke gehört auch das 1990 von dem französischen Designerduo Garouste & Bonetti für Daum in Nancy entworfene Besteck „Trapani". Es ergänzt die gleichnamige Porzellan- und Glasserie. Trapani ist eine sizilianische Hafenstadt, die seit der Antike für ihre Korallenvorkommen bekannt ist. Die aus Pâte de verre gefertigten Griffe der einzelnen Besteckteile sollen Erinnerungen an die Geschichte dieser Stadt wecken und durch die Wahl des natürlichen Korallenrots und des verfremdenden Blaus eine mysthisch-mediterrane Stimmung schaffen.

"Unter Wasser bleibt eine gerade Linie nicht lange eine gerade Linie", kommentiert die Designerin ihre Entwürfe. Die fliessenden Konturen stehen bei allen ihren Arbeiten in reizvollem Gegensatz zur Kälte und Härte des versilberten Stahls. Zusätzlich wurden Bearbeitungsspuren teilweise stehen gelassen.

Kühler und stark dem russischen Konstruktivismus verpflichtet ist das 1988 von Hélène Backlund für Boda Nova entworfene Besteck „Stockholm". Wie der Entwurf des französischen Designstars Philippe Starck, der sowohl Starcks Markenzeichen, das Horn, zitiert als auch japanischer Ästhetik verpflichtet ist, bleibt „Stockholm" ein Grenzgänger zwischen den Welten der postmodernen Attitüde und der funktionalistischer Designgrundsätze.

Edelstahl-Besteck „Esotismo" von Jean-Marie Patois 1988/89.

Ebenfalls aus Frankreich stammt ein ganzes Besteck-Bestiarium . Krokodile, Papageien und Fische geben sich als Messer, Löffel und Gabel aus. Mit Phantasie und einem gehörigen Schuß Humor schuf Jean-Marie Patois eine ganz eigenständige Besteckreihe aus Edelstahl, Holz und Kunststoff, deren Funktionstüchtigkeit allerdings bei einigen Teilen etwas zu wünschen übrigläßt.

Die in Hongkong geborene Designerin Izabel Lam ließ sich für ihre „Metamorphosis" genannte Reihe von Haushaltsutensilien vor allem durch ihre Erfahrung als Taucherin inspirieren. Die sich ständig verändernden Formen und die weichen schwebenden Bewegungen der Unterwasserwelt waren Vorbild für ihr Besteck „Sphere".

„Rührstück", Espressolöffel der Designergruppe Metamoderne von 1991. Silber.

„Nuovo Milano" von Ettore Sottsass für Alessi. 1982.

Achille Castiglione mit seinem 1982 für Alessi entworfenen Besteck „Dry".

Die in den letzten Jahren auch über Italien hinaus bekannt gewordene Firma Alessi arbeitet seit Anfang der 80er Jahre intensiv mit zahlreichen Designern und Architekten zusammen, die man landläufig unter dem Begriff der Postmoderne subsumiert. Michael Graves, Hans Hollein, Charles Jencks, Aldo Rossi und viele andere schufen unter dem Motto „Tea & Coffee Piazza" Kleinarchitekturen, die sich als Tee- und Kaffeekannen ausgaben. Spektakuläre Aktionen wie diese weltweit vorgestellten Kaffeesets, die man aufgrund ihrer kleinen Auflage eher als künstlerische Edition denn als echtes Industrieprodukt begreifen muß, lassen einen erstaunt bemerken, daß sich die Firma bei der Entwicklung ihrer Tafelbestecke eher an eine traditionelle, elegant moderne Linie hielt.

Das seit 1982 produzierte Besteck „Nuovo Milano" von Ettore Sottsass ist eine liebevolle Hommage für ein vor allem in Restaurants weitverbreitetes Modell des 19. Jahrhunderts. Der durch seine intelligenten Möbelentwürfe für die Designergruppen Alchimia und Memphis bekannt gewordene Sottsass schuf mit diesem Entwurf ein prototypisches „Normalbesteck" ohne marktschreierische Designgags.

In dieser Tradition stehen auch das ebenfalls 1982 entworfene Besteck „Dry" von Achille Castiglione und das erst 1993 auf den Markt gekommene Besteck von Richard Sapper.

Verfechter gediegener Silberschmiedekunst in den Formen der Moderne ist das kleine traditionsreiche Haus San Lorenzo in Mailand. Mit viel Engagement versucht das Unternehmen getreu dem Leitsatz von Walter Gropius, daß technische Kenntnisse der Quell aller Kreativiät seien, traditionelle Handwerkskunst weiterzuentwickeln. Das 1969/70 entworfene Besteck von Antonio Piva verzichtet vollkommen auf dekorative Elemente und läßt allein die geometrisch strenge Form und die hochglanzpolierte Silberoberfläche wirken. Eine Variante desselben Bestecks ist das etwas graphischere, weniger plastisch gedachte

„Caccia" von Luigi Caccia Dominioni 1938 entworfen und in Kleinstserie produziert. Seit 1991 bei Alessi.

Modell „Filo". Zehn Jahre später entwickelte das Designerehepaar Afra und Topia Scarpa ein weiteres Besteck für San Lorenzo. Da es mit ganz unterschiedlichen Griffen angeboten werden sollte, mußten die Scarpas eine Lösung für den Übergang zwischen dem oberen und unteren Bereich der einzelnen Besteckteile finden, der bei allen Griffen, seien sie rund und aus Metall oder achteckig und aus Holz oder Pietra Dura, funktionierte. Vorbild für die Haltbarkeit des Verbindungssystems war das Krokodil, dessen Kiefer ja bekanntlich nach dem Zubeißen nicht mehr auseinanderzubringen sind .

◼ LINO SABATTINI SILBERSCHMIED, DESIGNER, UNTERNEHMER

Mit dem Namen Sabattini verbindet sich seit den 50er Jahren eine hochstehende Kultur echter Silberschmiedearbeit, wie man sie vergleichbar nur im Frankreich der 20er Jahre findet. Dabei ist Sabattini in der Kunst der Silberverarbeitung eigentlich Autodidakt. Unmittelbar nach Kriegsende hatte er in Mailand eine Werkstatt eröffnet und bald Kontakte zu Gio Ponti, der damals noch die einflußreiche Zeitschrift „Domus" lei-

Entwurf Afra und Tobia Scarpa für San Lorenzo. 1980.

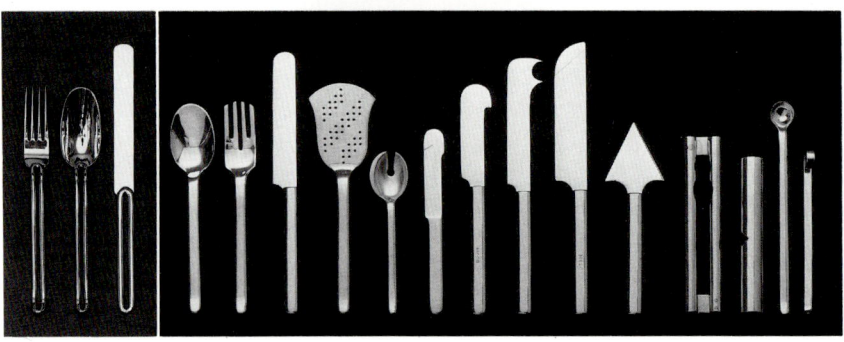

Links: „Filo" von Antonio Piva . 1969/70 für San Lorenzo. Rechts: Antonio Piva 1969/70 für San Lorenzo.

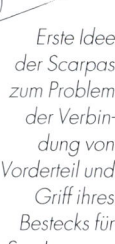

*Erste Idee
der Scarpas
zum Problem
der Verbin-
dung von
Vorderteil und
Griff ihres
Bestecks für
San Lorenzo.*

Besteck von Afra und Tobia Scarpa mit achteckigen Griffen in Pietra Dura.

tete, geknüpft. Von 1956 bis 1963 war er Direktor der Mailänder Dependance der französischen Silberwarenfirma Christofle und wichtigster Designer für deren moderne Linie „Formes Nouvelles". Berühmtester Entwurf dieser Zeit ist das Tee- und Kaffeeservice „Como" (1957), dessen organische Formen an die zeitgenössische Skulptur erinnern. Weniger oft abgebildet und darum weitgehend unbekannt ist sein gleichzeitiger Besteckentwurf für Christofle . Auch nach der Gründung

*Speisebesteck von Lino Sabattini für
Christofle 1956.*

seiner eigenen Silberschmiede 1964 in Bregnano/Como, entwirft Sabattini weiter für andere Firmen. Er erhält sich so die Möglichkeit, weiter mit Edelstahl arbeiten zu können, auf dessen Verarbeitung sein Unternehmen nicht eigestellt ist. Sehr eng arbeitet er seit langem mit dem kleinen italienischen Betrieb Zani & Zani zusammen. 1978 entstand sein Besteck „inSTRUMEN-TA". Die eleganten Stromlinienformen sprechen für sich und zeigen, wie Sabattini fern jeder Modeströmung seine ganz eigene Handschrift konsequent weiterentwickelt hat.

Auch für die deutsche Porzellanfabrik Rosenthal, die ihr Angebot für die gehobene Tischkultur schon vor Jahren um Gläser und Bestecke erweiterte, entstehen Entwürfe . Sabattini machte sich hier die extreme

Härte des Edelstahls zunutze und entwarf ein Besteck mit extravaganter Verbindung zwischen Oberteilen und Griffen. Geistreich läßt er gerade diese kritische Stelle, die bei allen Besteckteilen größten Belastungen ausgesetzt ist, fragil, ja beinahe weich erscheinen. Problematisch blieb die Form des Messers, das nicht zwingend zu den Löffel und Gabel zu gehören scheint. „Dialog" ist ein wesentlich klassischerer Entwurf mit schlanker Silhouette, den es auch in einer mattschwarz verchromten Version gibt. Bestecke blieben ein oft diskutiertes Thema in der Werkstatt Sabattinis. Überlegungen, wie optimales Eßgerät gestaltet sein sollte, führten nicht nur zu neuen Entwürfen von Sabattini selbst, sondern ließen auch in seinem Umfeld eine Reihe ausgezeichneter Bestecke entstehen.

Der 1958 geborene Guido Antonio Niest versuchte, „sinnliche" Bestecke zu schaffen. Denn es ist seine Überzeugung, daß neue Gegenstände ohne eigene Ausstrahlung jenseits designerischer Gags überflüssige Objekte sind. Erfahrungen seiner Jugend in Südamerika, Erinnerungen an farbenprächtige Natur und ornamentreiche Kunst, bestimmen den Charakter seiner Entwürfe. Der rituelle Umgang mit Gegenständen, der die Kulturen Lateinamerikas prägt, verbindet sich in den Bestecken Niests mit den skulpturalen Gestaltungsprinzipien seines Lehrers Sabattini.

DER KREIS SCHLIESST SICH

REEDITIONEN ALTER BESTECKE

Besteck „Esprit" von Hubert Haas für Berndorf. 1990er Jahre.

Edelstahlbesteck „Liguria" von Walter Storr für Wilkens.

auch von der Haushaltswarenindustrie aufgenommen. Viele traditionsreiche Silberschmieden mußten nur ihre Archive durchforsten und konnten, wie Wilkens beim Tulpenbesteck von Heinrich Vogeler, auf firmeneigene Unterlagen zurückgreifen. Auf der Basis solch alter Entwürfe werden dann oft zusätzlich vereinfachte Versionen entwickelt, die sich auch in Edelstahl produzieren lassen.

Im letzten Jahrzehnt entwickelten – zumindest in der westlichen Welt – große Gruppen der Bevölkerung nicht nur ein gesteigertes Interesse für neue Designprodukte, sondern erinnerten sich auch der vielfach vergessenen Väter der modernen Formgebung. Was lag näher, als einige der wegweisenden Produkte aus der ersten Hälfte unseres Jahrhunderts neu aufzulegen. 1965 begann die italienische Firma Cassina Le Corbusiers Sessel und Liege aus den 20er Jahren zu produzieren. Vorher hatten bereits Knoll und andere Firmen Modelle von Mies van der Rohe und Marcel Breuer in ihre Kollektion aufgenommen. Was bei den Möbeln begonnen hatte, wurde einige Jahre später

Eine solche neue Version eines alten Bestecks ist das Modell „Esprit" des Schweizers Hubert Haas, das sich sehr eng an sein Vorbild, das 1928 von Jean Puiforcat entworfene Modell „Cannes" hält . Weniger eklektizistisch ist der Entwurf „Windows" des Amerikaner Bob Patino . Zwar standen deutlich Mackintosh, aber auch die Wiener Werkstätte Pate, entstanden ist aber ein ganz eigenständiges Besteck, dessen filigran durchbrochene Griffe einigermaßen rentabel nur maschinelle hergestellt denkbar sind. Auch die Leichtigkeit des extrem flachen Bestecks ist nur in einer zeitgemäßen Edelstahlausführung denkbar, reines Silber wäre zu weich. Echte Reeditionen

Löffel, Gabeln und Kelle aus dem „Newbery"-Besteck und Fischbesteck „M.M.M." von C.R. Mackintosh.

der italienischen Möbelfirma Cassina einen Exklusivvertrag über die Rechte an den Mackintoshentwürfen abgeschlossen. Seitdem wurden vor allem Stühle reproduziert. Nach der Verlängerung des Vertrages 1982 vergab Cassina einige Unterlizenzen. Unter anderem auch 1984

Sogenanntes „Patenbesteck" von C.R. Mackintosh.

sind die drei Bestecke von Charles Rennie Mackintosh, die seit etwa zehn Jahren von der italienischen Silberschmiede Sabattini wieder hergestellt werden . 1972 hatte die Universität von Glasgow, zu der die Hunterian Gallery gehört, die die weltweit größte Sammlung von Möbeln und Gebrauchsgegenständen der Glasgow Four besitzt, mit

an die Firma des in Como ansässigen Silberschmieds Lino Sabattini, der das Patenbesteck von 1904, das Fischbesteck aus Mackintoshs eigenem Haushalt und das für Miss Cranstons Teestuben entworfene „Newbury" in mühevoller, detailgetreuer Handarbeit zur Produktionsreife brachte. Mit diesen Bestecken, die uns an den Anfang dieses Buches zurückführten, schließt sich der Kreis wieder.

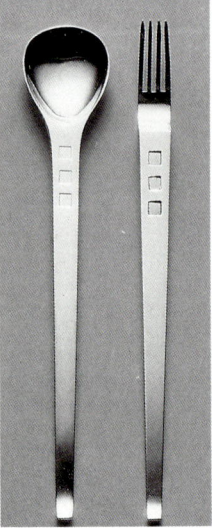

„Windows", in den 90er Jahren von Bob Patino für Berndorf entworfen.

SCHWIMMENDE HOTELS

UND FLIEGENDE RESTAURANTS

Jagdbesteck aus dem 18. Jh. mit silbernen Griffen in originaler Lederscheide und ein Klappmesser aus Eisen mit einfachem Holzgriff, in den ein zweizinkiges, gagelartiges Instrument eingeschoben werden kann.

Ursprünglich gehörten Reisebestecke, von denen sich eine ganze Anzahl in den verschiedensten Sammlungen erhalten haben, zur Grundausstattung desjenigen, der reiste, denn noch bis weit ins 18. Jahrhundert hinein konnte man nicht damit rechnen, daß einem unterwegs Besteck zur Verfügung gestellt wurde. Vornehme Reisende, denen der Standard der Gasthöfe und Poststationen nicht genügte, führten noch im 19. Jahrhundert ganze Speisesets mit, zu denen neben dem Besteck auch Teller und Trinkgefäße gehörten. Die für diesen Zweck entwickelten Behältnisse und speziellen Besteckformen waren zu Beginn dieses Jahrhunderts

Besteck „Normandie", 1935 von Jean Puiforcat für das Schiff gleichen Namens entworfen.

aber weitgehend verschwunden. Nur in den Tornistern der Soldaten befanden sich noch vergleichbare Sets, die, um einen Dosenöffner erweitert, platzsparend zu klappen und ineinanderzustecken waren. Denn für die wohl unfreiwillig reisenden und unter wenig guten Bedingungen essenden Soldaten war es in aller erster Linie wichtig, ein leichtes, platzsparendes Besteck zu haben.

Auf einer anderen Ebene machte es der technische Fortschritt im Transportwesen bald für eine größere Bevölkerungsgruppe erschwinglich, andere Länder kennenzuler-

Deutsche Armeebestecke. Anfang 20. Jahrhundert bzw. 1969.

nen. Die großen Eisanbahnlinien betrieben Luxuszüge, die ihren Passagieren jeden erdenklichen Komfort boten. Der berühmteste unter ihnen, der „Orientexpress", wurde komplett mit Tafelgerät von Christofle ausgestattet. Etwa gleichzeitig gewann für längere Strecken der Transport auf dem Seeweg immer größere Bedeutung. Allen voran hatten natürlich die alten Kolonialmächte England und Frankreich Bedarf an einer Flotte von Passagierschiffen, mit denen sie ihre Beamten in entlegene Länder entsandten, aber auch die Schiffe der großen deutschen Hamburg-Amerika-Linie und der Norddeutschen Lloyd konnten sich durchaus mit denen Englands und Frankreichs messen. Die meisten von ihnen dienten zunächst als reine Auswanderungsschiffe, was sich gegen Ende des 19. Jahrhunderts änderte. Dem Beispiel des europäischen Adels folgend, begann das Bürgertum, Bildungsreisen in ferne Länder zu unternehmen. An Stelle der Sommerfrische in unmittelbarer Umgebung seines Zuhauses entdeckte der wohlhabende Mittelstand aus Europas Städten die Reize der Mittelmeerländer und die Vergnügungen einer Kreuzfahrt.

1897 nahm die deutsche HAPAG den riesigen Passagierdampfer „Kaiser Wilhelm der Große" in Dienst. Das Schiff war als erstes mit einem richtigen Restaurant ausgestattet und offerierte seinen Kunden in der

Besteck von Christofle für die „Hohenzollern".

1. Klasse Kabinen mit eigenen Bädern und selbstverständlich mit elektrischem Licht.

Die Ausstattung dieser schwimmenden Hotels war für die Silberwarenindustrie ein lohnendes Geschäft. Auch hier blieb die Firma Christofle führend, der es nicht nur gelang, Aufträge der französischen Compagnie Général Transatlantique (C.G.T.) zu erhalten, sondern bis zum ersten Weltkrieg auch in der deutschen HAPAG einen guten Kunden zu haben. Tafelgeschirr und Bestecke der Schiffe „Kaiser Wilhelm der Große" und „Hohenzollern" waren im zeittypischen Historismus gehalten. Wie man sich denken kann, fiel die Ausstattung für die 1. Klasse und die Offiziere etwas prächtiger aus als die der übrigen Klassen und der Mannschaft.

Auf der Jagd nach dem „Blauen Band", das für die schnellste Atlantiküberquerung verliehen wurde, ließen die Reedereien immer größere und schnellere Schiffe bauen. Frankreichs „Normandie" triumphiert 1935. Im Innern war der Stolz der Nation ein Palast im Stil des Art deco. Die besten Künstler wurden zu ihrer Ausstattung herangezogen. Für das Tafelsilber sorgten Christian Fjerdingstad für das Haus Christofle und der

Silberschmied Jean Puiforcat. In Deutschland waren es vor allem Bruno Paul und der Architekt der Nationalsozialisten Paul Troost, die in Zusammenarbeit mit den Vereinigten Werkstätten in München eine Unzahl von Schiffen ausstatteten. Mit der Stillegung der „Queen Mary" und der „Queen Elisabeth" 1967 endete das Zeitalter der großen Ozeandampfer bis auf weiteres. Inzwischen waren die Nomaden der Neuzeit dazu übergegangen, mit dem Flugzeug die Welt zu erobern. Hatte man auf Schiffen nach rein ästhetischen Gesichtspunkten entscheiden können, wurden plötzlich Fragen des Gewichts und der Größe für die Gestaltung eines Bestecks vorrangig. Das im Format reduzierte Besteck sollte leicht stapelbar sein, mußte aus hygienisch einwandfreiem Material und nicht zu schwer sein, ohne daß das Material billig wirkte. Um Verletzungen vorzubeugen, durften die Messer keine Spitzen haben, und die Zinken der Gabeln

Besteck von C. Fjerdingstad für die „Ile de France", 1926. Am Griffende Initialen der Compagnie Général Transatlantique.

Einer immer wieder erzählten Geschichte zufolge, mußte die zweite, etwas flachere Version des Bestecks von Wolf Karnagel für die Lufthansa 1988 nur deshalb eingeführt werden, weil sich die Manager an Bord darüber beschwerten, daß ihnen durch die Hohlkehle des Löffels die Suppe in den Ärmel liefe, wenn sie den Arm zum Mund führten. Da es bei der Lufthansa keine Suppe gibt, kann sie aber wohl in den Bereich der Gerüchte verwiesen werden.

Lufthansabesteck 1977-1986. 1986-1988. Entwurf Wolf Karnagel. rechts: Lufthansabesteck hier 1988-1991. Umwandlung des Entwurfs von Wolf Karnagel. Lufthansabesteck seit 1991.

Nicht ausgeführter Entwurf von Bořek Šipek für ein Bordbesteck der holländischen Fluglinie KLM.

sollten möglichst gerundet sein, aber trotzdem auch etwas härtere Lebensmittel noch gut aufnehmen können. Solche Überlegungen, wie sie für das erste Bordbesteck der deutschen Lufthansa angestellt wurden, haben sich bis heute nicht wesentlich geändert. Sie gelten auch noch für die in den letzten 16 Jahren benutzten Bestecke. Am spektakulärsten war wohl der nach zweijähriger Planungsphase 1986 fertiggestellte Entwurf von Wolf Karnagel. Im Auftrag der Lufthansa hatte der Berliner Designer ein ganzes System von über hundert Küchengeräten entwickelt, die eine einheitlich sachliche und funktionsgerechte Form erhielten und sich sowohl optisch als auch durch ihre Stapelbarkeit, praktisch ergänzten.

Der deutsche Designer sah in seinem Besteck aber nicht nur eine interessante designerische Aufgabe, sondern es gab ihm Gelegenheit eine „Hommage für Joe Colombo" zu schaffen, aus dessen Studio über 15 Jahre vorher das noch heute benutzte Besteck der Alitalia hervorgegangen war. Die Austrian Airlines hingegen verzichtet aus ökologischen Gründen schon seit längerem

vollkommen auf Plastikbestecke. Wie viele andere Gesellschaften auch verwendet sie unterschiedliche Modelle für spezifische Einsatzgebiete. Ein besonders reizvolles Besteck war das von der österreichischen Silberwarenfabrik Berndorf hergestellte, das von 1980 bis 1991 auf Linien-Flügen der AUA eingesetzt wurde. Es vermittelte nicht nur einen Eindruck von Dynamik und Modernität, sondern war darüber hinaus gut durchdacht und praktisch in der Anwendung. Die kurze Klinge in Form einer Haifischflosse, die ungefähr in einem 30°-Winkel zum Griff steht, ermöglicht es dem Benutzer, auch mit eng angewinkelten Armen schneiden zu können. Ein Vorteil, den auch die Entwerfer des neuesten Bestecks der Lufthansa erkannt haben. Dafür fiel der Löffel etwas zu groß aus. Er erinnert ein wenig an einen kleinen Saucenlöffel. Seit 1991 befindet sich ein neues Besteck im Einsatz. Wie sein Vorgänger ist es aus poliertem Edelstahl, aber wesentlich kleiner. Es verzichtet auf betont designerische Elemente, wie die kreisrunde Löffellaffe und das tiefe, kurzzinkige Schiff der Gabel des Vorgängerent-

*Bestecke der österreichischen AUA. 1988.
Linienflüge seit 1980 und 1991 bis jetzt.*

*Bestecke der Air France. In der Mitte versilbertes
Besteck für die Klub-Klasse. Rechts das Besteck der
Concorde.*

wurfs. Ebenfalls von Berndorf stammt das Besteck für die First Class derselben Fluggesellschaft, das seit Einführung der Langstreckenflüge im Jahr 1988 verwendet wird. Das fast normalgroße Besteck erinnert in keinerlei Hinsicht daran, daß es speziell für eine Fluggesellschaft entworfen wurde. Es wäre ohne weiteres in jedem Restaurant vorstellbar.

*Besteck der belgischen
Sabena-Airlines.*

Die Air France geht für ihre Passagiere sogar noch einen Schritt weiter. Das Land mit der berühmten Eßkultur läßt seine Gäste in der 1. Klasse auch in der Luft von versilberten Besteck essen. Christofle fertigte eigens ein verkleinertes Modell des traditionellen Spatenmusters an, verzichtete zu Gunsten eines normalgroßen Kaffeelöffels auf den Suppenlöffel und beließ auch das Schiff der Gabel in seiner originalen Größe. Statt dessen mußte der Stiel extrem gekürzt werden, was den Proportionen nicht guttut, aber wohl dem Benutzer. Im übrigen Flugzeug speist man von Stahlbestecken mit Plastikgriffen in den Farben der Gesellschaft.

Eine Rarität ist das schwere Stahlbesteck des einzigen Überschall-Verkehrsflugzeugs der Welt „Concorde", das von der Air France und British Airways gemeinsam betrieben wird. Das Flugzeug, das alle paar Jahre, zuletzt von Andrée Putman, im Innern neu eingerichtet wird, galt einst als Inbegriff des flugtechnischen Fortschritts. Ein silbernes Besteck hätte in diesem Rahmen antiquiert gewirkt. Auch andere Fluggesellschaften griffen nur selten zu historischen Mustern. In der Luft herrscht die Moderne, während auf der Erde noch immer die Mehrzahl aller verkauften Bestecke stilistisch nicht unserer Epoche angehören.

Tafelbesteck in der Art von Tétard Fères, Paris ca. 1936

DER SAMMLER

BODO GLAUB UND SEIN BESTECKMUSEUM

Bodo Glaub, echter Rheinländer, Jahrgang 1925, betreibt in Köln das größte Spezialgeschäft für Bestecke weltweit. Zudem baute er von 1951 bis 1991 in Köln eine der größten privaten Bestecksammlungen auf, die er in an seinen Laden angrenzenden Räumen präsentierte. Sein Interesse beim Zusammentragen der Sammlung galt nicht nur den prächtigen „Beistecken" der Gotik und Renaissance, sondern genauso exotischen Kultlöffeln aus Afrika oder formal überzeugenden Bestecken aus unedlen Materialien.

Nachdem 1991 sein Bestand an historischen Bestecken versteigert wurde, widmen sich er und die Freunde und Förderer des „Neuen Bestecksmuseums Bodo Glaub" seit Ende 1992 hauptsächlich der Präsentation und Aufarbeitung der Samm-

lung neuer Bestecke. Erste Ausstellungen waren „Bestecke im Flieger" und „Bestecke der Bauhaus- und Art deco-Zeit", die bereits 1987 mit großem Erfolg lief.

Herr Glaub, Sie besitzen eine der größten privaten Bestecksammlungen der Welt. Woher kommt diese Leidenschaft und seit wann sammeln Sie?

Also, darüber, ob ich zuerst mein Geschäft eröffnete oder doch vorher schon sammelte, streitet man sich ja. Ich weiß selber eigentlich nicht mehr so genau, wann mein Interesse zur echten Leidenschaft wurde. Zunächst habe ich auch nur Kupferstiche und Holzschnitte mit Tischszenen gesammelt. Und dann, Anfang der 50er Jahre, habe ich in Hamburg einen silbernen Löffel aus dem 16. Jahrhundert gekauft.

Wo fanden Sie eigentlich die Unmenge von

Besteckteilen, die Sie hier in Köln zusammentrugen?

Das ging ganz schnell. Es sprach sich herum, daß es da einen Sammler für Löffel und andere Besteckteile gab, und dann wurden mir direkt Angebote gemacht. Die Preise sind natürlich gestiegen. Später habe ich zwei komplette Sammlungen erworben. Eine von Dr. Himmelheber, die vor allem außereuropäische Kultgeräte enthielt, und eine weitere mit russischem Eßgerät.

Was sind die Kriterien, nach denen Sie Ihre Sammlung zusammentragen?

Zu Besteck greift weltweit nur ein Drittel der Menschen, aber die Darstellungsvielfalt bei Messer, Gabel und Löffel ist unübertroffen. Gesammelt habe ich wohl vor allem aus kulturhistorischem Interesse. Ich interessiere mich darum auch für Einzelteile und nicht nur für ganze Garnituren, obwohl ich natürlich schon versuche, zumindest ein Gedeck zu bekommen.

Darauf müssen wir jetzt nochmal zurückkommen. Für das 20. Jahrhundert ist das Vorbild für mich die Neue Sammlung in München., wo ich auch schon einmal ausgestellt habe.

An welche Ausstellungen denken Sie besonders gerne zurück?

Eine meiner erfolgreichsten Ausstellungen war 'Bestecke der Prominenz'. Von Walter Scheel bis Neven-Dumont war da jeder dabei. 'Bestecke aus der Bauhaus- und Artdeco-Zeit' war auch viel besucht und wurde in der Presse sehr beachtet.

Herr Glaub, Sie haben in den 60er Jahren auch internationale Besteck-Wettbewerbe veranstaltet? Was ist aus den ausgezeichneten Bestecken geworden?

Die meisten Museen haben ja heute einen Museums-Shop. Das werden wir jetzt hier auch machen und die damals prämierten Entwürfe anbieten.

Dazu kommen dann noch einige andere Modelle. Viele der Bestecke aus den 20er und 30er Jahren werden ja noch hergestellt oder wurden wieder in die Kollektionen aufgenommen. Die können sie dann hier bekommen. Wir möchten, daß die Leuten eine gute Form und eine sachgemäße Beratung bekommen. Getrennt von meinem Geschäft werden wir also einige ausgewählte Muster edieren, die dann zur Finanzierung des Museums verkauft werden sollen.

Von welchem Besteck ißt ein Mensch, der eine so umfangreiche Auswahl hat wie Sie?

Schon während meiner Lehrzeit bei Henckels-Zwilling habe ich mir ein Besteck in Bauhausformen ausgesucht. Ich besitze auch Stahlbesteck aus Skandinavien, das ich seit 30 Jahren benutze. Natürlich habe ich auch ein Silberbesteck in 999er Barrensilber, weil dieses Material absolut geschmacksneutral ist.

Nur als Gag habe ich mir auch ein goldenes Reisebesteck machen lassen, das ich allerdings nur selten benutze. Es gab einfach jedesmal Ärger mit dem Zoll, wenn ich damit verreisen wollte.

Was sind ihre Pläne für die Zukunft?

Der Verein der Freunde und Förderer plant einen Ableger in Dresden. Aber das vorgesehene Gebäude ist im Grunde noch eine Ruine. Da werden wir noch viel zu tun haben.

Herr Glaub, ich danke Ihnen für dieses Gespräch.

KLEINES VOKABULAR

DEUTSCH – ENGLISCH – FRANZÖSISCH

Das deutsche Wort Besteck leitet sich ursprünglich von „Beisteck" ab, was jenes Etui mit Messer, Gabel und Löffel bezeichnete, das man und Frau am Gürtel trug, wenn man zu einem Essen geladen war, da man bis ins 18. Jahrhundert hinein nicht selbstverständlich davon ausgehen konnte, vom Gastgeber das nötige Eßgerät gestellt zu bekommen. Eigentümlicherweise hat sich gerade in dem Land mit der historisch höchststehenden Tafelkultur, in Frankreich, kein eigener Begriff für das Eßbesteck herausgebildet. In der Umgangssprache kann Ihnen genauso gut „Argenterie" wie „Service de table" begegnen. Ersteres meint eigentlich alle Tafelgeräte aus Metall, die ursprünglich natürlich, wie die Bezeichnung verdeutlicht, aus Silber hergestellt wurden. Letzteres kann sich auch auf das Tafelgeschirr beziehen.

Sollten Sie sich weiterführender englischsprachiger Literatur zuwenden, werden Sie bald feststellen, daß sowohl „flatwäre" als auch „cutlery" als Synonyme gebraucht werden. Es wird sich dann herausstellen, daß der erste Begriff aus den Vereinigten Staaten stammt, während Ihnen in der Literatur aus Großbritannien „cutlery" begegnet. „Flatware" bedeutet im englischen Sprachgebrauch, der sich hier vom amerikanischen unterscheidet, alle flachen Tafelgeräte. Also auch Teller und Platten, während „cutlery" in den Vereinigten Staaten im älteren Sinne des Wortes für Messer, Scheren und andere, eben vom „cutler" (Messerschmied) hergestellten Dinge benutzt wird.

Aufgrund der unterschiedlichen Traditionen haben sich im Laufe der Zeit einige Besteckformen herausgebildet, die für einen bestimmten Kulturraum spezifisch sind. Offene Märkte und die Mobilität der europäischen Mittelklasse führten zu einer Internationalisierung der Speisekarte und damit verbunden zu einer entsprechenden Verbreitung der dafür vorgesehenen Eßgeräte. So ist beispielsweise das „Menübesteck" eine im Grunde deutsche Entwicklung, das aber heute in vielen Ländern benutzt wird, weil es einfach praktischer ist, als die langen Messer und Gabeln der klassischen Tafelbestecke. Wollen Sie allerdings in Frankreich oder England ein solches Menübesteck erwerben, wird Ihnen nichts anderes übrig bleiben, als die Länge genau anzugeben, weil keine spezielle Bezeichnung dafür existiert.

Im Folgenden finden Sie die gebräuchlichsten Eßbesteck- und Vorlegeteile in alphabetischer Auflistung. Die Zeichnungen wurden nach konventionellen Besteckformen angefertigt und haben mit den Formen vieler avantgardistischer Entwürfe unter Umständen nur noch entfernte Ähnlichkeit. In

Silbernes Fischbesteck. Ausgeführt von der Silberwarenfabrik F. Bahner. Um 1900.

diesen Fällen obliegt es Ihrer Abstraktionsfähigkeit und Fantasie die Funktion eines Besteckteils herauszufinden oder einfach neu zu bestimmen. Einige Spezialgeräte, die sich regional begrenzt für ganz bestimmte dort übliche Speisen entwickelt haben, wurden weggelassen. Dazu gehören zum Beispiel die in Frankreich einfach nicht wegzudenkenden Schneckenzangen und - gabeln ebenso wie das in England übliche Kuchenbesteck, das, aus Gabel und scharfem Messer bestehend, dem Obstbesteck ähnelt.

Neben Raritäten wie etwa dem Zitronenspießchen oder den neuerdings in Mode gekommenen Spaghettibestecken hat sich der Mensch im Laufe der letzten 150 Jahre schier unendlich scheinende Variationen des Löffels einfallen lassen, die zum Teil eigene Sammelgebiete geworden sind. In diesem Zusammenhang sei hier nur auf die englischen Beerenlöffel und die Teeportionierer hingewiesen. Viele Silberwarenfabriken boten schon um die Jahrhundertwende eigene Mokkalöffelkollektionen an, deren Muster ganz unabhängig von denen der gleichzeitig produzierten Bestecke waren. Besonders reizvoll ist die Familie der durchbrochenen Löffel.

Es scheint, als hätte der Entwerfer bei der Gestaltung der spitzengleichen Muster, die in zahlreichen Variationen die Laffe schmücken, seiner Phantasie freien Lauf lassen können. Manchmal kann man anhand dieser Lochmuster die als Zucker-, Oliven- oder Nußlöffel angebotenen Teile selbst dann zeitlich einordnen, wenn ein traditionelles Besteckmuster vorliegt, weil die Laffe unter Umständen deutlich Jugendstileinflüsse zeigt. Dasselbe gilt häufig für Fischbestecke, die bis Anfang unseres Jahrhunderts gerne auf der Schneide des Messers und auf der Gabel mit maritimen Motiven geschmückt wurden . Erst in jüngster Zeit wurde diese anekdotenhaft erzählerische Tradition im Besteckbereich wieder aufgenommen. Frankreichs Designer sind hier besonders produktiv. Er sei hier an das mit Griffen in Form von Korallen versehene Besteck „Trapani" von Garouste und Bonetti und an die Besteckserie „Esotismo" von Jean-Marie Patois erinnert.

Silbernes Fischbesteck. Ausgeführt von der Silberwarenfabrik Wilkens. Wohl vor/um 1900.

Die Bezeichnungen „Grand Couvert" und „Petit Couvert" beziehen sich nicht etwa auf die Anzahl der gedeckten Serviceteile, sondern bedeuten in der Sprache der Diplomatie Einladungen im öffentliche oder privaten Rahmen. Am Hofe der absolutistischen Könige Frankreichs war das „Grand Couvert" das vom König öffentlich eingenommene Mahl. Das „Petit Couvert" fand unter Ausschluß der Öffentlichkeit statt. Zu diesen Anlässen geladen, mußte man nicht etwa mit einer reduzierten Speisenfolge rechnen, sondern erhielt Gelegenheit, seine Anliegen vorzubringen, ohne daß der gesamte Hof mithörte.

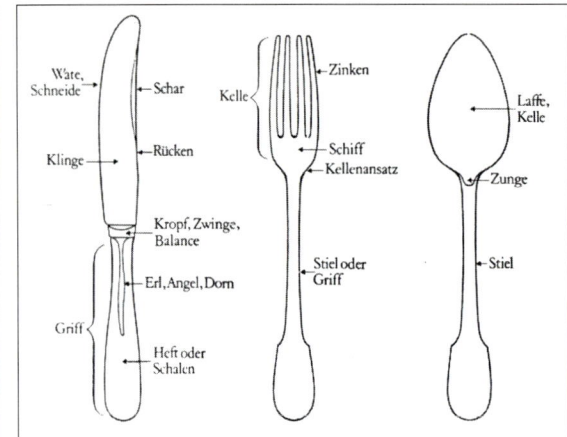

Wäre, Schneide — Schar
Klinge — Rücken
Kropf, Zwinge, Balance
Erl, Angel, Dorn
Griff
Heft oder Schalen

Kelle
Zinken
Schiff
Kellenansatz
Stiel oder Griff

Laffe, Kelle
Zunge
Stiel

TAFELLÖFFEL
Table spoon
Cuiller de table

TAFELGABEL
Table fork
Fourchette de table

TAFELMESSER
Table knife
Couteau de table

MENÜLÖFFEL
Table spoon
Cuiller de table

MENÜGABEL
Table fork
Fourchette de table

MENÜMESSER
Table knife
Couteau de table

DESSERTLÖFFEL
Dessert spoon
Cuiller à dessert

DESSERTGABEL
Dessert fork
Fourchette à dessert

DESSERTMESSER
Dessert knife
Couteau à dessert

KAFFEELÖFFEL
Tea spoon
Cuiller à café

TEELÖFFEL,
Demitassespoon
Cuiller à thé

MOKKALÖFFEL
Moka spoon
Cuiller à moka

KUCHENGABEL
Pastry fork
Fourchette à gâteaux

AUSTERNGABEL
Oyster fork
Fourchette à huîtres

EISLÖFFEL
Ice cream spoon
Cuiller à glace

FISCHGABEL
Fish fork
Fourchette à poisson

FISCHMESSER
Fish knife
Couteau à poisson

HUMMERGABEL
Lobster fork
Fourchette à homard

KAVIARMESSER
Caviar knife
Couteau à caviar

OBSTGABEL
Fruit fork
Fourchette à fruits

OBSTMESSER
Fruit knife
Couteau à fruits

SUPPENTASSEN-LÖFFEL
Broth spoon
Cuiller à bouillon

BEILAGENGABEL
Salad fork, small
Fourchette à crudites

BEILAGELÖFFEL
Salad spoon, small
Cuiller à crudites

BOWLENLÖFFEL
Punch spoon
Cuiller à punch

BRATENLÖFFEL
Roast meat spoon
Cuiller à roti

BRATENGABEL
Roast meat fork
Fourchette à roti

BUTTERMESSER
Butter spreader
Couteau à beurre

KÄSEMESSER
Cheese knife
Couteau à fromage

FLEISCHGABEL
Cold meat fork
Fourchette à viande froide

**FISCHVORLEGE-
GABEL**
Fish serving fork
Fourchette service
à poisson

**FISCHVORLEGE-
MESSER**
Fish serving knife
Couteau service à poisson

GEMÜSEGABEL
Table serving fork
Fourchette à servir

GEMÜSELÖFFEL
Table serving spoon
Cuiller à servir

KÄSEHOBEL
Cheese grater
Rabot à fromage

KARTOFFELLÖFFEL
Potatoe ladle
Cuiller à pommes de terre

KAVIARSCHAUFEL
Caviar spoon
Cuiller à caviar

KOMPOTTLÖFFEL
Marmelade spoon
Cuiller à compote

PASTETENHEBER
Aspic or tartlet server
Pelle à fois gras

SAHNELÖFFEL
Cream spoon
Cuiller à crème

SALATLÖFFEL
Salad serving spoon
Cuiller à salade

SALATGABEL
Salad serving fork
Fourchette à salade

SARDINENHEBER
Sardine laddle
Pelle à sardine

SAUCENLÖFFEL
Gravy ladle
Cuiller à sauce

SERVIERER, FLACH
Serving ladle
Pelle à servir

SPARGELHEBER
Asparagus ladle
Pelle à asperges

SUPPENSCHÖPFER
Soup ladle
Louche à potage

**SUPPENSCHÖPFER,
KLEIN**
Soup ladle, small
Louche, petite

TOMATENMESSER
Tomato knife
Couteau à tomates

TORTENHEBER
Pastry server
Pelle à tarte

TORTENMESSER
Pastry knife
Couteau à pâtisserie

TRANCHIERGABEL
Carving fork
Fourchette service à gibier

TRANCHIERMESSER
Carving knife
Couteau service à gibier

ZUCKERLÖFFEL
Sugar spoon
Cuiller à sucre (non repercée)

ZUCKERZANGE
Sugar tongs
Pince à sucre

■ FRIEDRICH ADLER

(1878-1942/45, in Dachau ermordet) Ausgebildet an der Münchner Debschitz-Schule, hat sich Adler besonders für die moderne künstlerische Gestaltung jüdischen Kultgeräts eingesetzt. Besteckentwürfe von ihm wurden von verschiedenen Silberwarenfabriken ausgeführt.

■ GUNDORPH ALBERTUS

(1887-1979) Der gelernte Bildhauer und Silberschmied leitete mehrere Jahre die Silberschmiede von Georg Jensen. Von 1926-1954 war er Vizedirektor des Unternehmens. Er entwarf 1930 das Besteck „Kaktus".

■ ALESSI

Die 1921 gegründete Firma gilt seit der Initiative „Tea and Coffee Piazza", für die bekannte Architekten Mikroarchitekturen entwarfen, als Begründerin des Table-Top-Designs. Bestecke stammen unter anderem von Achille Castiglioni und Richard Sapper.

■ CHARLES ROBERT ASHBEE

(1863-1942) ist der bekannteste Silberschmied der Arts-and-Crafts-Bewegung. Ursprünglich ein Anhänger der reinen Lehre Ruskins und Morris', verschließt er sich nach dem Scheitern der von ihm gegründeten „Guild of Handicraft" (1888-1907) nicht mehr vollkommen der maschinellen Produktion von Gebrauchsgegenständen. Seine handwerklich hervorragenden Bestecke sind gekennzeichnet durch eine effektvolle Materialmischung und den Einsatz cabochonförmiger Halbedelsteine, die in das aus floralen Jugendstilelementen

und mittelalterlichem Dekor gemischte Ornament als farbige Akzente eingesetzt wurden.

■ ROBERT BACHMAIER

(1869-?) Der in Schwäbisch Gmünd als Graveur und Zeichner ausgebildete Bachmaier entwarf vor allem für die in Krumbach ansässige Silberwarenfabrik Gebr. Reiner.

■ FRANZ BAHNER,

Silberwarenfabrik in Düsseldorf (1895-ca. 1967). Die "einzigste Spezialität des Hauses" ist "die Anfertigung echt silberner Bestecke in allen Ausführungen und Stilarten nach Entwürfen erster Künstler" (Anzeige 1914). Zu ihnen gehörten Henry van de Velde, Peter Behrens und Gerhard Duve. Das Unternehmen ist in den 60er Jahren erloschen.

■ PETER BEHRENS

(1868-1940) gilt als einer der wichtigsten Industriedesigner des frühen 20. Jahrhunderts. Nach Anfängen in der Darmstädter Künstlerkolonie gelang es ihm, als Chefentwerfer das Aussehen der Berliner AEG entscheidend zu prägen. Behrens war 1907 Mitbegründer des Werkbundes. In seinem Architekturbüro arbeiteten Walter Gropius, Ludwig Mies van der Rohe und für kurze Zeit auch Le Corbusier.

■ SIGVARD BERNADOTTE

(geb. 1907) ist der zweitälteste Sohn des schwedischen Königs Gustav Adolf VI. Ausgebildet an der Kunsthochschule in Stockholm, begann er 1930, für Georg Jensen zu arbeiten. Ein 1939 enstandener Besteckentwurf wurde nach ihm benannt.

BODUM.

Die 1944 von Peter Bodum in Dänemark gegründete Firma spezialisierte sich bereits 1958 auf die Herstellung von Kaffeemaschinen aus Glas, die mittels eines Vacuums funktionieren. Seitdem erweiterte Bodum sein Angebot auf eine Reihe von Utensilien für die Küche und den Tisch.
1983 wurde die Designabteilung in die Schweiz verlegt.

BO BONFILS

(geb. 1941) wurde in erster Linie durch seine graphischen Arbeiten berühmt. Seit 1984 arbeitet er für die Porzellanmanufaktur Royal Copenhagen, zu der heute auch die Silberschmiede Georg Jensen gehört. 1988 ein Besteckentwurf in Edelstahl für Jensen.

BRUCKMANN & SÖHNE

Die 1805 in Heilbronn gegründete Firma war besonders in der ersten Hälfte des 20. Jahrhunderts für ihre zeitgenössischen Besteckentwürfe bekannt.
Der damalige Leiter Peter Bruckmann hatte früh Kontakte zur Darmstädter Künstlerkolonie geknüpft und war später auch Vorsitzender des Deutschen Werkbundes. 1973 ging das Unternehmen in Konkurs.

ACHILLE CASTIGLIONI

(geb. 1918) arbeitete gemeinsam mit seinen Brüdern Pier Giacomo und Livio als freischaffender Architekt und Designer. Nach deren frühen Tod (1968 und 1954) setzte er diese Tätigkeit fort.
Er entwarf das Besteck „Dry" für Alessi.

HANS CHRISTIANSEN

(1866-1945) war 1898 Gründungsmitglied der Darmstädter Künstlerkolonie, wo er bis 1902 blieb. Zahlreiche kunsthandwerkliche Entwürfe, darunter mehrere Bestecke.

CHRISTOFLE & CIE.

wurde 1831 in Paris gegründet. Im 19. Jahrhundert sicherte sich das Unternehmen die französischen Alleinrechte für das Versilbern auf galvanoplastischem Wege. Es entwickelte das Verfahren weiter und eroberte damit den Weltmarkt. Trotz des Wegfalls großer Teile dieses Marktes nach dem Ersten Weltkrieg und der endgültigen Schließung des Zweigwerks in Karlsruhe erlebte das Haus Christofle in den zwanziger Jahren unter der Leitung Tony Bouilhets eine künstlerische Blüte. Es entstanden Arbeiten von Luc Lanel, Christian Fjerdingstad, Gio Ponti und anderen.

JOE COLOMBO

(1930 - 1971). Der früh verstorbene Mailänder Architekt und Designer wird heute zu den überragenden Entwerfern der 60er Jahre gezählt. Er interessierte sich vor allem für die materialgerechte Verwendung von Kunststoffen. Ergebnis waren unter anderem die knallbunten Stapelstühle für die italienische Firma Kartell. Von ihm stammt das Besteck für die italienische Fluggesellschaft Alitalia.

DARMSTÄDTER KÜNSTLERKOLONIE

1899 unter dem Patronat des kunstsinnigen Großherzogs Ernst Ludwig von Hessen und bei Rhein in seiner Residenz Darmstadt gegründet. Die Kolonie sollte es ausgewählten Künstlern ermöglichen, ungehindert durch finanzielle Probleme, kunstgewerbliche Reformen auf den Weg zu bringen. Gründungsmitglieder waren neben Joseph Maria Olbrich auch Hans Christiansen und Peter Behrens. Mit Ausbruch des Ersten Weltkrieges fand die Kolonie ihr Ende.

◼ CHRISTOPHER DRESSER
(1834-1904) entwarf seit den 60er Jahren des 19. Jahrhunderts ausschließlich für die maschinelle Produktion Tafelgeräte, die von schockierender Modernität sind. Seine Entwürfe werden seit einiger Zeit von der italienischen Firma Alessi reproduziert.

◼ DRIADE
Die Möbelfirma trat 1968 erstmals äußerst erfolgreich mit poppigen Möbeln im Stil der Zeit an die Öffentlichkeit.
In den 80er Jahren stieg sie zu einem der führenden Hersteller von italienischen Designermöbeln auf. Seit 1987 arbeitet sie mit Bořek Šípek zusammen, der für die Produktserie „Follies" ein Besteck entwarf. Ein weiterer Entwurf stammt von Philippe Starck.

◼ MAURICE DUFRÈNE
(1876-1955) stellte bereits auf der Weltausstellung 1900 in Paris, im Kreise von van de Velde, Horta und Plumet aus. Schnell stieg er danach ins erste Glied der Designer auf.
1921 wurde er künstlerischer Leiter von La Maitrise, einem Studio, das Möbel in maschineller Herstellung zu erschwinglichen Preisen anbot.

◼ GERHARD DUVE
Maler, Innenarchitekt und Entwerfer. Fertigte in den dreißiger Jahren Besteckentwürfe für Bahner.

◼ CHRISTIAN FJERDINGSTAD
(1891-1968) ließ sich zuerst 1912 im dänischen Ferienort Skagen nieder, wo er sich mit dem Verkauf von Silberschmuck im Stil Georg Jensens über Wasser hielt. Bei Ausbruch des Ersten Weltkriegs meldete er sich freiwillig zur Fremdenlegion, um sich anschließend in der Nähe von Paris niederzulassen. Auf den dortigen Ausstellungen errang er erste Erfolge und wurde 1922 künstlerischer Direktor von Christofle. Zahlreiche Entwürfe für Bestecke stammen aus dieser Zeit. Gleichzeitig stellte er auch weiterhin unter seiner eigenen Marke 'Fjerdingstad, L'Isle Adam' aus. 1938 verläßt er Christofle. Nach dem Zweiten Weltkrieg ist Fjerdingstad überwiegend bildhauerisch tätig.

◼ TÉTARD FRÈRES
seit 1901 unter diesem Namen von Henri, Jacques und Georges Tétard geführtes Unternehmen, war neben der Silberschmiede Jean Puiforcats der wichtigste Hersteller von Silberwaren im Stil des französischen Art deco. Seinen Erfolg verdankte es den Entwürfen Jean Tétards.

◼ GAROUSTE & BONETTI
eigentlich Elisabeth Garouste (geb. 1950) und Mattia Bonetti (geb. 1952), zählen zu den Erfindern einer eigenen archaisch-opulenten Stilrichtung, die im Pariser Laden „En attendant les barbares". Eine ab 1987 ent-

worfene Glaskollektion für Daum schließt auch ein Besteck ein.

■ GLASGOW FOUR

Bei den Glasgow Four handelt es sich um die Architekten Charles Rennie Mackintosh und James Herbert MacNair, sowie deren Ehefrauen, die beiden Schwestern Margaret und Francis MacDonald. Zusammen arbeiteten sie um die Jahrhundertwende an Aufträgen, die den Charakter von „Gesamtkunstwerken" hatten. Die von ihnen entworfenen avantgardistischen Möbel, Textilien und Metallgegenstände galten den zeitgenössischen Kollegen als wegweisend. Besteckentwürfe sind nur von Mackintosh überliefert.

■ HERMANN GRETSCH

(1895-1959) ließ sich nach abgeschlossenem Architekturstudium bei Pankok in Stuttgart zum Keramiker ausbilden. Als Vertreter eines gemäßigt bürgerlichen Modernismus überstand er die Zeit des Nationalsozialismus erfolgreich. Besteckentwürfe von Gretsch bei Pott.

■ ANDRÉ GROULT

(1884-1967) gehört neben Süe & Mare zu den typischen Repräsentanten des französischen Art deco. 1910 war er erstmals mit Tapeten- und Teppichentwürfen an die Öffentlichkeit getreten. 1911 folgten die ersten Möbel, die wegen ihrer farbenfrohen Bezüge – seinem Markenzeichen – als „meubles coloristes" bezeichnet wurden. Nicht unbeeinflußt von den Ideen des Deutschen Werkbunds strebte er nach Einfachheit und klaren Linien. Die Funktion be-

stimmte Form- und Farbwahl seiner Räume, ohne daß allerdings wie in Deutschland der Weg zum Funktionalismus eingeschlagen wurde.

■ JOSEF HOFFMANN

(1870-1956) war einer der bedeutensten Architekten und Designer des Jugendstils. Seine Entwürfe vermitteln zwischen denen Mackintoshs und den späteren Bauhausentwürfen. Zeitgenössische Entwürfe beziehen sich immer wieder auf die von ihm entwickelte geometrische Formensprache.

■ ARNE JACOBSEN

(1902-1971) war der bekannteste Designer des durch Eleganz und Leichtigkeit geprägten dänischen Funktionalismus. Der ausgebildete Architekt entwarf viele Gebrauchsgegenstände, darunter 1951 den berühmten Stuhl „Ameise". Bestecke entstehen für Michelsen bzw. Georg Jensen, beide in Kopenhagen.

■ GEORG JENSEN

(1866-1935) gründete 1904 in Kopenhagen die Silberschmiede Georg Jensen. In seinen eigenen Entwürfen stark vom Jugendstil der floralen Richtung beeinflußt, gelang es ihm, bedeutende Entwerfer an sich zu binden, die zusammen mit ihm den viel kopierten „Jensen-Stil" schufen. Bestecke aus seiner Kollektion stammen unter anderem von Sigvard Bernadotte, Johan Rohde und Harald Nielsen.

■ CARSTEN JORGENSEN

(geb. 1948) Der Däne Jorgensen arbeitete nach seinem Studium zunächst für die Porzellanmanufaktur Royal Kopenhagen. Seit 1974 ist er für das Produktdesign und die Corporate Identity bei Bodum zuständig.

■ WOLF KARNAGEL

(geb. 1940) ist einer der bekanntesten Porzellan- und Besteckdesigner. Berühmtester Entwurf ist das Lufthansa-Besteck.

■ ARCHIBALD KNOX

(1864 - 1933) Ab etwa 1900 war er Hauptentwerfer für die Silberwaren von Liberty und Co..

Knox studierte an der Douglas School of Art und arbeitete zwischen 1892 und 1896 für den einflußreichen Architekten Baillie Scott . Seine Vorliebe für die Verwendung keltischer Ornamentik löste eine „Celtic Revival" Welle aus. Es wird angenommen, daß Knox einige Zeit in Christopher Dressers Atelier arbeitete. Nach vergeblichen Versuchen, in den Vereinigten Staaten beruflich Fuß zu fassen, kehrte er 1913 in seinen Geburtsort auf der Isle of Man zurück, wo er bis zu seinem Tode blieb.

■ KOCH & BERGFELD

Die in Bremen ansässige Silberwaren- und Besteckfabrik ging aus einer 1829 in Bremen gegründeten Silberschmiedewerkstatt hervor. Die Firma arbeitete um die Jahrhundertwende mit namhaften Künstlern zusammen, die zum Teil dem Umfeld der Darmstädter Künstlerkolonie entstammten.

■ HENNING KOPPEL

(1918-1981) begann seine Tätigkeit für die dänische Silberschmiedeindustrie 1945. Später widmete er sich auch der Porzellan-

und Glasgestaltung. Seine Arbeiten wurden mit zahlreichen internationalen Preisen ausgezeichnet.

■ LUC LANEL

(1893-1966) unterhielt zusammen mit seiner Frau Marjolaine Girardet seit 1925 ein eigenes Keramikatelier in Neuilly-sur-Seine bei Paris, das er in den 50er Jahren zusammen mit den Töchtern weiterbetrieb. Auch als Buchillustrator tätig. Prägte den dekorativen Stil des Hauses Christofle nicht nur als Entwerfer, sondern auch als Verantwortlicher für die Werbung.

■ LIBERTY & COMPANY

wurde 1875 in London als Kaufhaus für Waren aus dem Orient von Arthur Lasenby Liberty (1843-1917) gegründet. Ursprünglich auf den Handel mit farbenprächtigen Stoffen aus Indien spezialisiert, erkannte Liberty das Potential des Arts-and-Crafts-Stil und begann Möbel, Steingut und vor allem auch Metallwaren in diesem Stil zu vertreiben. Unter dem Handelsnamen „Cymric" und „Tudric" bot er eigens für ihn entworfene Silber- beziehungsweise Zinngegenstände an. Hauptdesigner für beide Linien war lange Zeit Archibald Knox.

Sein Engagement für das zeitgenössische Design war so erfolgreich, daß sich der Begriff Liberty Style als Synonym für Art nouveau einbürgerte.

■ CHARLES RENNIE MACKINTOSH

(1868-1928) zählt zu den Wegbereitern der Moderne, ohne ihr jedoch bereits anzugehören. Ab 1885 besucht er die Kunsthochschule seiner Heimatstadt Glasgow, während er sich gleichzeitig zum Architekten ausbilden ließ. Mit seinem Namen ist vor allem der in zwei Abschnitten (1898/99 und 1907/09) erfolgte Neubau der Glasgow School of Art verbunden. Darüber hinaus entwarf er in Glasgow eine Reihe von Teeräumen, deren Innenausstattung er bis ins Detail bestimmte. In diesem Zusammenhang entstanden einige der insgesamt sieben erhaltenen Besteckentwürfe.

Seine Arbeiten wurden auf dem Kontinent stark beachtet. Vor allem die Künstler der Wiener Werkstätte orientierten sich an seinen Vorstellungen.

■ KURT MAYER

(1894-1981) leitete von 1920 bis 1960 das Entwurfsatelier der WMF. Bis 1967 war er noch als künstlerischer Berater der Firma tätig. Seine auch kommerziell überaus erfolgreichen Besteckentwürfe werden zum Teil bis heute unverändert angeboten.

■ RICHARD MEIER

(geb. 1934) arbeitete 1960-1963 im Büro von Marcel Breuer und sieht in Le Corbusier den geistigen Vater seiner Arbeit. Trotzdem gilt er weniger als Architekt der Moderne, sondern als Vertreter der Postmoderne, der seine elegant-geometrische Formensprache aus unterschiedlichen historischen Quellen bezieht. Meier entwarf für Swid Powell ein Besteck in den Formen der Wiener Werkstätte.

■ METAMODERNE

wurde 1988 in Hannover gegründet. Mitglieder sind Armin Knoll, Christof Ermisch, Volker Dowidad, Wolfgang Hein, Bernhard Neelen und Torsten Wittenberg. Metamoderne stattet die von ihnen entworfenen Gegenstände mit eigenem Charakter aus und macht sie so zu Mitbewohnern des Menschen statt zu dessen Utensilien.

■ GRETHE MEYER

(geb. 1918) wurde in Kopenhagen zur Architektin ausgebildet.

1955-1960 gehörte sie dem dänischen Designrat an. 1991 entwarf sie für Georg Jensen das funktionalistische Edelstahlbesteck „Copenhagen".

■ EVALD NIELSEN

(1879-1958) gründete 1905 in Kopenhagen eine eigene Silberschmiedewerkstatt, wo in enger Anlehnung an den Stil Georg Jensens unter anderem mehrere Bestecke entstanden.

■ HARALD NIELSEN

(1892-1977) begann 1909 eine Lehre als Graveur in der Werkstatt seines Schwagers Georg Jensen, deren künstlerischer Leiter er später wurde. 1926 entwirft er „Pyramide", eines der bekanntesten Besteckmodelle der Jensen-Silberschmiede.

■ GUIDO ANTONIO NIEST

(geb. 1958) arbeitet während seiner Ausbildung zum Industriedesigner in München im Atelier der WMF und im Design-Center der Deutschen Bundesbahn. Seit 1988 ist er Mitarbeiter des Designstudios „Sabattini Argenteria" in Bregnano. Er entwirft überwiegend Schmuck und Tafelgerät aus edlen Materialien.

JOSEPH MARIA OLBRICH

(1867-1908) kam über die Wiener Sezession 1899 nach Darmstadt, wo er Mitbegründer der Darmstädter Künstlerkolonie war. Der Schüler Otto Wagners verstand seine architektonischen Aufgaben als Gesamtkunstwerke. In diesem Zusammenhang entstanden auch Bestecke.

ANTONIO PIVA

ist Mitglied der Architektengemeinschaft Albini, Helg und Piva. 1968-1972 unterrichtete er Industriedesign in Venedig. In diesen Zeitraum fällt auch seine Tätigkeit für San Lorenzo.

GIO PONTI

(1891-1979), als Architekt in Mailand ausgebildet, gilt als einer der Begründer des modernen italienischen Designs. Dies nicht nur wegen seiner Entwürfe, sondern vor allem auch wegen der 1928 von ihm gegründeten Zeitung „Domus", die sich bald zum einflußreichen Sprachrohr des „International Style" entwickelte. 1933 initiierte er die erste Mailänder Triennale. Damals wurde deutlich, daß sich das faschistische Italien, im Gegensatz zu Deutschland, gut mit den gezeigten futuristischen und funktionalistischen Arbeiten anfreunden konnte. Die Entwürfe für Christofle kamen wohl durch persönliche Beziehungen zu Tony Bouilhet, seit 1922 Chef des Familienunternehmens, zustande, dem er 1926 auch eine Villa in Garches baute.

POTT

Die 1904 in Solingen gegründete Firma widmete sich in der Nachkriegszeit unter Carl Pott, der sie von 1947 bis 1985 als geschäftsführender Gesellschafter und Chefentwerfer leitete, dem Aufbau einer konsequent funktionalistischen Kollektion. Außer Carl Pott entwarfen unter anderem Josef Hoffmann und Wilhelm Wagenfeld Bestecke für Pott. Produkte des Unternehmens finden sich in zahlreichen Designsammlungen.

JEAN PUIFORCAT

(1897 - 1945) war der bedeutendste Silberschmied des französischen Art deco. Auf der Suche nach vollendeten Proportionen entwickelte er über zwanzig Besteckmodelle, deren handwerklich perfekte Ausführung ihrer unübertroffen schlichten Eleganz in nichts nachstand. Die meisten dieser Entwürfe werden heute noch immer von Puiforcat in Paris produziert.

PETER RAACKE

(geb. 1928) ist ein vielseitiger Designer, der von Möbeln über Tapeten bis zu Spielsachen schon alles entworfen hat. Er gehört zur Gruppe der reinen Industriedesigner und gilt als Entwerfer Ulmer Prägung.

GEBR. REINER

Gegründet 1874 als Werkstätte für Silberwaren, trat die Firma Reiner vor dem Ersten Weltkrieg vor allem mit Entwürfen von Künstlern aus dem Umkreis der Vereinigten Werkstätten in München hervor.

RICHARD RIEMERSCHMID

(1886-1957) 1897 gründete er in München die Vereinigten Werkstätten mit und schuf gleich in den ersten Jahren eines der unkonventionellsten Bestecke des 20. Jahrhunderts. Weitere, weniger spektakuläre Entwürfe folgten.

▨ JOHAN ROHDE
(1856-1935) arbeitete, wie viele seiner Zeitgenossen, sowohl als Architekt, Kunstmaler und Bildhauer wie auch als Entwerfer. 1903 lernt er Georg Jensen kennen, und begann 1907 eine intensive Zusammenarbeit. Für den Stil der Silberschmiede war er vermutlich genauso verantwortlich wie Jensen selbst. Rohde entwarf mit „Acorn" eines der umfangreichsten Bestecke der Welt.

▨ ROSENTHAL
Die 1879 im bayerischen Selb gegründete Porzellanmanufaktur fiel schon in den 20er Jahren durch Produkte im populären Artdeco-Stil auf. Unter Philip Rosenthal erweiterte die Firma ihr Angebot für die gehobene Tafelkultur um Bestecke. Entwürfe für Rosenthal unter anderem von Lino Sabattini und Tapio Wirkkala.

▨ JOHN RUSKIN
1819 in London geboren, gehört zu den Wegbereitern der Gewerbeschulen in Großbritannien und galt als der einflußreichste Kunstkritiker der Viktorianischen Ära. Ein Verehrer der Gotik (Stones of Venice 1851-1853), war er ein Gegner der damals ohne jede ethische oder ästhetische Regeln wuchernden Industrialisierung. In den 1871 bis 1884 veröffentlichten Briefen an die Arbeiter Großbritanniens (Fors Clavigera, Letters to the Workmen and Labourers of Great Britain) entwickelt Ruskin den Plan, durch ein das ganze Land umspannendes Netz von kleinen utopischen Gemeinden die Gesellschaft zu bessern und zugleich den Mangel an Schönheit in der Kunst und den alltäglichen Dingen des Lebens zu beheben.

▨ LINO SABATTINI
(geb. 1923) ist einer der wenigen wichtigen Designer, die überwiegend Tafelgeräte entwerfen. Als Silberschmied ist er eigentlich Autodidakt, doch seine Arbeiten gehören zu den wichtigsten seit Ende des Zweiten Weltkriegs. Bereits das Teeservice „Como", 1957 für Christofle entstanden, war in seiner skulpturalen Auffassung der Gestalt wegweisend. Für die französische Silberschmiede schuf er auch ein Besteck. Weitere folgten unter anderem für Zani & Zani.

▨ SAN LORENZO
In Mailand ansässige Silberschmiede, die mit zahlreichen italienischen Designern zusammenarbeitet. Besteckentwürfe von Antonio Piva und Afra und Tobia Scarpa.

▨ AFRA UND TOBIA SCARPA
(geb. 1937 und 1935) gehören zu den wichtigsten zeitgenössischen Designern Italiens. Ihr Besteck für die kleine, aber traditionsreiche Firma San Lorenzo in Mailand ist wie alle ihre Entwürfe durch den sensiblen Umgang mit Materialien gekennzeichnet.

▨ BOŘEK ŠIPEK
1949 in Prag geboren, emigrierte 1968 nach Deutschland. Er ist ausgebildeter Architekt und Möbeldesigner und gründete 1983 sein eigenes Büro in Amsterdam. Seit

1990 hat er eine Professur für Architektur in Prag. Seit 1992 produziert Driade einen Besteckentwurf von ihm, der zu der Produktreihe „Follies" gehört.

SVEND SIUNE
(geb. 1935) entwarf 1966 das Edelstahlbesteck „Blauer Hai", mit dem er den Wettbewerb zum 100. Geburtstag Georg Jensens gewann.

PHILIPPE STARCK
(geb. 1949) gilt als der medienwirksamste Selbstdarsteller unter den international bekannten Designern. Mit achtzehn Jahren gründet er eine Firma für aufblasbare Häuser, um nur zwei Jahre später Art Director bei Pierre Cardin zu werden. Berühmt wurde er durch seine Café- und Nachtclubausstattungen und die in diesem Zusammenhang entstandenen Möbel. Für Driade entwarf er 1986 ein überraschend unspektakuläres Besteck. Es folgten später Messer für das französische Traditionshaus Laguiole.

LOUIS SÜE
(1875-1968) und André Mare (1887-1932) gründeten zusammen 1919 die „Compagnie des Arts Français". Süe hatte 1910 zunächst Österreich besucht, um das zeitgenössische Design dort zu studieren. Getrennt debütierten beide dann auf der Pariser Herbstausstellung 1910, wo erstmals seit 1900 auch die Münchner Vereinigten Werkstätten als Vertreter des Deutschen Werkbundes ausstellten. Die Presse zeigte sich nicht gerade begeistert. „Diese Einrichtungen sind für Snobs, und zwar für solche Snobs, die absolut keinen Ge-

schmack haben", lautete das Urteil in Art & Décoration. Tatsächlich war dem Atelier, für dessen Entwürfe auf Auktionen heute erhebliche Summen bezahlt werden, auf Dauer kein Erfolg beschieden. 1928 mußte es an den Geldgeber, die Metallwarenfabrik Fontaine abgegeben werden, die das Unternehmen nicht als Luxustempel weiterführte, sondern es dem Funktionalismus öffnete. Obwohl die Entwürfe für Christofle unter Süe et Mare firmieren, stammen sie überwiegend von Louis Süe allein.

SWID POWELL
wurde 1984 von Nan Swid und Addie Powell mit dem Vorsatz gegründet, um frischen Wind in den Markt für gehobenes Tafelgerät zu bringen. Ursprünglich auf die Herstellung von Keramik nach Entwürfen bekannter Architekten spezialisiert, fertigte die Firma in Zusammenarbeit mit der amerikanischen Besteckfirma Reed & Barton eine Besteckkollektion, für die unter anderen Richard Meier und Robert Venturi entwarfen.

MATTEO THUN
eigentlich Matthäus Graf Thun-Hohenstein (geb. 1952), war Mitbegründer der Designgruppe Memphis, die mit witzig-ironischen Möbelentwürfen die Vorherrschaft des funktionalistischen Designs in Frage stellte. Thun arbeitet seit Mitte der 80er Jahre mit der WMF zusammen und schuf auch einige Bestecke.

HENRY VAN DE VELDE
(1863-1957) Der eigentlich als Maler ausgebildete Belgier gelangte mit seiner Betei-

ligung an der Dresdener Kunstgewerbeausstellung 1897 schlagartig in den Mittelpunkt des Interesses fortschrittlicher Kunst-
kreise in Deutschland. Dort gründete und
baute er im Auftrag des Großherzogs von
Sachsen-Weimar, dessen künstlerischer
Beirat für Industrie und Kunstgewerbe er
seit 1901 war, 1906 die Kunstgewerbeschule Weimar, die als Vorläufer des Bauhauses gilt. Van de Velde sind drei Besteckentwürfe sicher zuzuweisen, die alle im ersten Jahrzehnt dieses Jahrhunderts entstanden.

◼ ROBERT VENTURI
(geb. 1925) wird gerne als Vater der Postmoderne bezeichnet. Tatsächlich leitete
sein Buch „Learning from Las Vegas" eine
Phase in der Architekturgeschichte ein, in
der die Errungenschaften des herrschenden
Funktionalismus noch einmal überdacht
wurden. Das Besteck für Swid Powell ist ein
typisches Beispiel seines ironischen Umgang mit architektonischen Würdeformen.

◼ VEREINIGTE WERKSTÄTTEN FÜR KUNST IM HANDWERK AG
Die 1897 nach dem Vorbild der englischen
Arts-and-Crafts-Gilden gegründete Akti-
engesellschaft verstand sich als ein Vermitt-
ler guten Designs für eine breite Kunden-
schicht. Die Liste der Gründungsmitglieder
der Vereinigten Werkstätten liest sich wie
ein Who-is-Who der führenden Architekten und Designer der Jahrhundertwende.
So produzierten und vertrieben die Vereinigten Werkstätten Entwürfe von Peter
Behrens, Otto Eckmann, Richard Riemerschmid, Bernhard Pankok, Hermann Muthesius und vielen anderen. 1991 mußten sie

wegen finanzieller Schwierigkeiten zunächst
schließen, um Ende 1992 in veränderter
Form als Neue Vereinigte Werkstätten wie-
derzueröffen. Die Mitglieder der Werkstätten entwarfen zahlreiche Bestecke, die aber
wohl bis auf den Entwurf von Riemerschmid
1899 alle außer Haus produziert wurden.

◼ HEINRICH VOGELER
(1872-1942) Der Autodidakt Vogeler
betätigte sich äußerst erfolgreich als Maler,
Architekt, Buchillustrator und Entwerfer
kunsthandwerklicher Gegenstände aller
Art. Für die Bremer Firma Wilkens & Söhne
entwirft er eine Anzahl sehr geglückter Ju-
gendstilbestecke, die zum Teil heute wieder produziert werden.

◼ PAUL VOSS
(1894-1976) lehrte seit 1927 an der Fach-
hochschule für Metallgestaltung in Solingen.
Das klare funktionalistische Design seiner
Besteckentwürfe unter anderem für Pott
beeinflußte die Besteckgestaltung über den
Solinger Raum hinaus.

◼ WILHELM WAGENFELD
(1900-1990) gilt als einer der Väter des Industriedesigns in Deutschland. Seine Ausbildung erhielt er bei Laszlo Moholy Nagy
am Bauhaus in Dessau. Ab 1935 leitete er
die Vereinigten Oberlausitzer Glaswerke in
Weißwasser, wo 1938 das berühmte sta-
pelbare „Kubusgeschirr" entstand. Besteckentwürfe vor allem für WMF.

◼ WIENER WERKSTÄTTE
ging aus den sezessionistischen Bewegungen des ausgehenden 19. Jahrhunderts in

Wien hervor. Neben den Vereinigten Werkstätten in München und der Künstlerkolonie in Darmstadt war sie Anfang diesen Jahrhunderts das wichtigste Zentrum für Kunsthandwerk.

Am 19. Mai 1903 unter der Direktion von Josef Hoffmann und Koloman Moser ins Handelsregister eingetragen, lebte sie von der Unterstützung des als Kassierer fungierenden Industriellen Friedrich Wärndorfer. Die von Anfang an geplante Metallwerkstatt nahm noch im selben Jahr ihre Tätigkeit auf. Unzählige Besteckentwürfe sind entstanden. Nicht alle wurden jedoch ausgeführt.

Die weitaus meisten stammen von Josef Hoffmann, dessen „flaches" und „rundes Modell" zu den Klassikern moderner Formgebung gehören.

In der aufsehenerregenden Ausstellung „Der gedeckte Tisch", die die Wiener Werkstätte im Oktober 1906 veranstaltete, wurden diese Bestecke mit den dazu passenden Porzellanen und Dekorationsgegenständen auf thematisch arrangierten Tafeln einer breiten Öffentlichkeit präsentiert. Die Reaktionen waren beinahe einstimmig ablehnend.

■ WILKENS

1810 in Bremen als Silberschmiede gegründet, prägte Wilkens bis 1859 auch das bremische Geld. Um 1900 war die Firma, die heute noch besteht, mit Entwürfen von Peter Behrens und Heinrich Vogeler neben Bruckmann & Söhne die bedeutendste Silberschmiede Deutschlands.

■ TAPIO WIRKKALA

(1915-1985) Der Finne war seit den 50er Jahren ein bekannter Designer von Haushaltsgegenständen. Bestecke von ihm unter anderem bei Rosenthal und Christofle.

■ WMF

1853 als „Metallwarenfabrik Straub & Schweizer" gegründet, entwickelte sich die WMF bereits um 1900 zu einem Großbetrieb mit 3000 Beschäftigten. Kataloge dieser Zeit zeigen eine unendliche Vielfalt an Bestecken und Vorlegeteilen im floralen Jugendstildekor. Nach dem Zweiten Weltkrieg erlebte das Unternehmen eine erneute Blüte. Die künstlerische Kontinuität wurde durch den langjährigen Atelierleiter Kurt Mayer gewährleistet. Freie Entwürfe von Wilhelm Wagenfeld und Matteo Thun.

REGISTER

BESTECKSAMMLUNGEN

■ **Deutsches Klingenmuseum Solingen**
Klosterhof 4 • 42653 Solingen

■ **Sheffield City Museum**
Weston Park • S 10 2TP

■ **Besteckmuseum Bodo Glaub**
Burgmauer 68 • 50667 Köln

■ **Musée Christofle**
112 rue Ambroise Croizat
93206 Saint-Denis

■ **Georg Jensen Museum und**
Royal Kopenhagen Antiques
Amagertorv 6 • 1160 Kopenhagen K

Bei den drei letzten Adressen können Sie auch eventuell verlorene Teile eines Bestecks nachfertigen lassen.
Georg Jensen bietet zusätzlich den einmaligen Service, die nicht mehr in Produktion befindlichen Besteckteile nicht nur neu herzustellen, sondern sie für Sie auf dem Antiquitätenmarkt zu suchen.
Sollten Sie Besitzer eines Stückes aus Georg Jensens Silberschmiede sein, das Ihnen vielleicht nicht so gefällt, können sie sich dafür, vorausgesetzt es ist gut erhalten, in Kopenhagen ein Angebot machen lassen.

LITERATURHINWEIS

Spezielle Fachliteratur zum Thema „Besteck" ist selten, und noch seltener sind Bücher, die mehr als bunte Bilder bieten. **Reinhold Sänger, Das deutsche Silberbesteck: Biedermeier, Historismus, Jugendstil (1805-1918), Firmen, Techniken, Designer und Dekore, Stuttgart 1991** ist die große Ausnahme. Wie im Titel angekündigt, widmet sich Sänger allen Aspekten der Besteckherstellung im Zeitalter der Industrialisierung und stellt besonders die Bestecke des Jugendstils ausführlich vor. Eine Ergänzung zu diesem Band ist der bereits 1979 vom Deutschen Klingenmuseum in Solingen veröffentlichte Katalog **Bestecke des Jugendstils**. Neben einer kurzen Einleitung von Reinhold Sänger bietet der Katalog vor allem eine Unzahl an Abbildungen von zum großen Teil anonymen Bestecken und stellt auch wenig bekannte Silberwarenfabriken mit Ihren Marken vor. Der Katalog IV **Metallkunst, Silber-Kupfer-Messing-Zinn, vom Jugendstil zur Moderne (1889-1939)**, 1990 im Bröhan-Museum in Berlin erschienen, geht über deutsche Hersteller und Designer hinaus und liefert präzise Beschreibungen und Literaturhinweise. Er beschränkt sich nicht nur auf Bestecke, sondern behandelt alle Tafelgeräte aus Metall und schließt sogar einige Lampen mit ein. Über viele der in diesem Buch erwähnten Designer sind bereits Monographien erschienen, von denen ich nur die von **Waltraud Neuwirth** über **Joseff Hoffmann, Bestecke für die Wiener Werkstätte, Wien 1982** erwähnen möchte, da sie sich ausschließlich mit Hoffmanns Besteckentwürfen auseinandersetzt.

FOTONACHWEIS

Gabriele Henkel 13; Sammlung Bodo Glaub 16, 68, 89; Georg Jensen 17, 53, 54, 55, 74, 77; Bodum 20; Auktionshaus Nusser, München 22; Wilkens 23, 87; Auktionshaus Neumeister, München 37, 39, 43, 54, 55; Victoria & Albert Museum, London 27; Auktionshaus Ketterer, München 28, 30, 39, 41, 45, 52, 55, 93; Landesbildstelle Rheinland 28, 33, 34, 35, 46, 47, 49, 50, 51, 96, 97; Bröhan Museum 61; Swid Powell 78; Musée Christofle 38, 51, 62, 64, 65, 72, 90; Museum für Kunst und Gewerbe, Hamburg 29; Patois 82; Zani & Zani -6; Studio Bořek Šípek 79, 91; Mono-Metallwarenfabrik 73; Metamoderne 82; Puiforcat 58, 59, 60, 89; Sabattini 30, 31, 85, 86, 88; Pott 36, 70, 71, 75, 76; Gebr. Reiner 41, 67, 69; Karl-Ernst-Osthaus-Museum, Hagen 48; WMF 69, 70, 75; Studio Starck 81; Boda Nova 80; Daum 79; San Lorenzo 84, 85; Guido Niest -8, 86; Berndorf 66, 87, 88; Sabena Airlines 92; Alessi 26, 83,84.